악마는 존재한다

The Devil Exists

IL DIAVOLO C'È
written by Papa Francesco(Jorge Mario Bergoglio) edited by Diego Manetti
© Libreria Editrice Vaticana, 2017
00120 Città del Vaticano
© EDIZIONI SAN PAOLO s.r.l., 2017
Piazza Soncino, 5-20092 Cinisello Balsamo(Milano)
www.edizionisanpaolo.it

For the extracts from
Jorge Mario Bergoglio edited by Antonio Spadaro, *Nei tuoi occhi è la mia parola*
© 2016 Rizzoli Libri S.p.A. / Rizzoli, Milan
© 2018 Mondadori Libri S.p.A. / Rizzoli, Milan

악마는 존재한다

2018년 12월 14일 교회 인가
2019년 3월 6일 초판 1쇄 펴냄
2020년 3월 6일 개정 초판 1쇄 펴냄
2025년 4월 3일 개정 초판 5쇄 펴냄

지은이 · 프란치스코 교황
엮은이 · 디에고 마네티
옮긴이 · 안소근
펴낸이 · 정순택
펴낸곳 · 가톨릭출판사
편집 겸 인쇄인 · 김대영
편집 · 강서윤, 김지영, 김지현, 박다솜
디자인 · 정진아, 정호진, 강해인, 이경숙
마케팅 · 임찬양, 안효진, 황희진, 노가영

본사 · 서울특별시 중구 중림로 27
등록 · 1958. 1. 16. 제2-314호
전자우편 · edit@catholicbook.kr
전화 · 1544-1886(대표 번호)
지로번호 · 3000997

ISBN 978-89-321-1701-0 03230

값 15,000원

성경·교회 문헌 © 한국천주교중앙협의회

이 책의 한국어 출판권은 (재)천주교서울대교구 가톨릭출판사에 있습니다.
저작권법에 의해 한국 내에서 보호를 받는 저작물이므로 무단 전재와 무단 복제를 금합니다.

가톨릭의 모든 도서와 성물, 디지털 콘텐츠를 '**가톨릭북플러스**'에서 만날 수 있습니다.
https://www.catholicbookplus.kr | (02)6365-1888(구입문의)

프란치스코 교황이 직접 말하는 **악마의 실체**와 **악을 이기는 방법**

악마는 존재한다
The Devil Exists

프란치스코 교황 지음 | 디에고 마네티 엮음 | 안소근 옮김

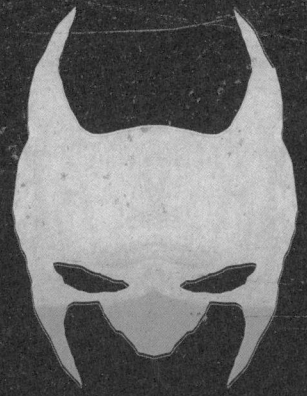

가톨릭출판사

일러두기
- 이 책의 원서에 있는 글은 독자 여러분의 이해를 돕기 위해 구성이나 표현이 일부 편집되어 있습니다.
- 이 책의 글은 교황님이 직접 말씀하시는 형식과 교황님이 하신 말씀을 기사 형태로 풀어낸 형식, 두 가지로 구성되어 있습니다. 본문 글 중에서 첫머리에 '프란치스코 교황은'이라는 표현이 없는 글은 모두 교황님이 직접 하신 말씀이라는 점을 독자 여러분에게 알립니다.

머리말
프란치스코 교황이 말하는 악마
The Devil Exists

악마는 존재한다

"악마는 21세기에도 존재합니다. 우리는 너무 순진해서는 안 됩니다. 우리는 복음에서 악마를 물리치는 법을 배워야 합니다." 프란치스코 교황이 2014년 4월 11일 성녀 마르타의 집 성당에서 집전한 아침 미사 강론에서 한 말입니다. 이 말은 악마에 관해 교황이 어떻게 생각하는지 그 핵심을 간략하게 말해 줍니다. 이는 세 가지입니다. 첫째, 마귀는 존재합니다. 둘째, 악마는 제삼천년기가 시작되는 지금도 활동하고 있습니다. 셋째, 따라서 우리는 어둠의 세력에 맞서 영적인 싸움을 효과적으로 하는 방법을 배워야 합니다.

이러한 주제가 중세에는 적합했을지 몰라도 지금처럼 인터

넷과 페이스북, 인스타그램 등이 발달한 소셜 네트워크의 시대에는 이미 지나간 것이라고 생각하는 이들이 있을 것입니다. 그런 이들에게 교황은 단호하게 말합니다. "너무 순진해서는 안 됩니다." 악마는 21세기에도 활동하기 때문입니다.

악마의 존재

악마의 존재는 가톨릭교회 교리의 유산에 속하며 성경과 성전聖傳, 교회 교도권의 가르침에 기초합니다.

《가톨릭교회 교리서》는 타락한 천사인 악마('디아볼로스' 곧 분열시키는 자 또는 '사탄' 곧 고발자)의 존재를 분명하게 단언합니다.

"우리의 첫 조상들이 불순명을 선택하게 된 배후에는, 하느님을 거스르는 유혹의 목소리가 있었다. 그 목소리는 질투심 때문에 그들을 죽음에 빠지게 하였다. 성경과 교회의 성전은 그 목소리에서 사탄 또는 악마라 불리는 타락한 천사를 본다. 교회는 그가 본래 하느님께서 창조하신 선한 천사였다고 가르친다. '악마와 모든 마귀는 하느님께서 본래 선하게 창조하셨지만 그들 스스로 악하게 되었다.'"(《가톨릭교회 교리서》, 391항)

이 천사는 타락했고, 자유로운 선택으로 "하느님과 하느님 나라를 철저하게 그리고 결정적으로 거부한"(《가톨릭교회 교리서》, 392항) 다른 창조된 영들이 그 불행한 발자취를 따랐습니다. 그들이 범한 죄가 용서받을 수 없는 것은 "하느님의 무한한 자비에 결함이 있어서가 아니라 그들의 선택이 지닌 돌이킬 수 없는 특성 때문"(《가톨릭교회 교리서》, 393항)입니다.

악마의 활동

예수님은 사탄의 행위를 더 본질적이고 분명하게 묘사하십니다. 그분은 악마가 "처음부터 살인자로서, 진리 편에 서 본 적이 없다. 그 안에 진리가 없기 때문이다. 그가 거짓을 말할 때에는 본성에서 그렇게 말하는 것이다. 그가 거짓말쟁이며 거짓의 아비기 때문이다."(요한 8,44)라고 말씀하십니다. 이 간결하고 분명한 말씀에, 악마가 영혼들의 구원을 해치는 두 가지 무기가 언급됩니다. 하나는 사람을 죽이는 맹렬한 힘이고, 다른 하나는 기만적인 유혹입니다.

그 첫째 무기에 대해서는 성경의 앞부분 첫머리에서, 카인이 동생 아벨을 죽인 사건을 기술하는 데서 이미 그 자취가 나타납니다(창세 4,3-16 참조). 이것은 역사의 첫 살인이고, 여기에서부터 인간 역사를 피로 물들인 폭력의 악순환이 시작되었습니다.

그러나 이 극적인 형제 살인 이전에도 이미 우리 원조들의 원죄가 있었습니다(창세 3,1-15 참조). 유혹하는 악마의 목소리에 속은 하와는 에덴의 금지된 열매를 먹는 유혹에 떨어지고, 그 후 아담도 같은 행동을 하게 합니다. 하와는 악마가 능란한 거짓말로 던진 올가미에 걸려 루치펠(타락한 천사)의 반란의 발자취를 따릅니다.

그러므로 인간 역사, 정확히 말한다면 창세기 1-11장에 나타나는 원인론적 역사는 처음부터 살인과 폭력, 사람을 유혹하는 거짓을 무기로 사용하여 영혼을 영원한 멸망으로 이끄는 악마의 작용을 특징으로 합니다.

여기서 악마의 작용을 더 잘 규정하고자 한다면, 우리는 다시 《가톨릭교회 교리서》로 돌아가야 합니다.

"그러나 사탄의 힘은 무한하지 못하다. 그는 다만 하나의 피조물일 뿐이다. 그는 순수한 영적 존재이기 때문에 강하기는 하지만 여전히 피조물에 지나지 않는다. 그러므로 그는 하느님 나라의 건설을 막지 못한다. 사탄은 하느님을 거슬러 예수 그리스도 안의 하느님 나라를 증오하면서 세상에서 활동한다. 인간과 사회에 영적으로 또 간접적으로는 물질적인 것에까지 막대한 피해를 끼칠 수 있다 하더라도, 결국 이러한 활동은 인간과 세계의 역사를 힘차고도 부드럽게 주관하시는 하느님의 섭리가 허락하신 일이다. 이러한 악마의 활동에 대한 하느님의 허락은 하나의 커다란 신비이지만, '하느님을 사랑하는 이들에게는 모든 것이 함께 작용하여 선을 이룬다는 것을 우리는 안다.'(로마 8,28)"(《가톨릭교회 교리서》, 395항)

이 말에서 하느님이 허락하셨기에 악마가 세상 끝 날까지 인간 역사 안에서 활동할 힘을 갖게 된다는 것이 분명히 드러납니다. 사탄의 작용은, '커다란 신비'로 남아 있으면서도, 모든 인간이 하느님의 은총으로 걸어가도록 부름받은 구원의 길에 들어와 있습니다.

어떻게 악마와 맞서 싸울 것인가

프란치스코 교황의 가르침은 앞에서 제시한 악마의 존재와 활동에 관한 도입적 고찰들에 논리적으로 뒤따르는 이 세 번째 문제에 집중되어 있습니다. 이는 그가 주교 직무(1999년부터 2013년까지 아르헨티나의 부에노스아이레스에서)를 수행할 때나 베드로 사도의 직무(2013년부터 지금까지)를 수행하면서 가진 깊은 사목적 관심과 상통합니다.

호르헤 마리오 베르고글리오는 대주교로서나 교황으로서나 같은 입장을 견지합니다. 그는 이미 21세기가 되었으니 '중세에 어울리는' 그런 신조들은 넘어서야 한다고 주장하는 반대자들에게 대답하기 위해 악마가 존재한다는 '증거'나 이유가 될 논거들을 자세히 다루지는 않습니다. 오히려 마귀의 활동에 집중합니다. 그 이유는, 모든 이가 사탄의 활동에서 나오는 결과를 볼 수 있다고 확신하기 때문입니다. 악이 존재한다는 것을 깨닫기 위해서는, 현대 세계를 둘러싼 증오와 폭력의 악순환을 살펴보는 것으로 충분합니다. 또한 교황은 이러한 악의 폭발 뒤에 있는 것이 누구인지를 인식하는 것이 필요하다고 믿습니다. 그럴 때에만 오늘날 인간의 마음을 속박하는 아픔, 고통, 번민, 죄의 진정한 궁극적 원인을 밝히고 거기에 적절한 대답을 제시할 수 있다는 것입니다.

악 뒤에 살인자며 거짓말쟁이인 마귀가 있다면, 인류는 마귀가 인류의 원수임을 알아보고 매일의 영적인 싸움에 참여하기 위해 각자 준비해야 합니다. 그 싸움은 상당히 수고스러운 것입니다. 바오로 사도가 말하듯이 "우리의 전투 상대는 인간이 아니라, 권세와 권력들과 어두운 세계의 지배자들과 하늘에 있는 악령들"(에페 6,12)이기 때문입니다. 이것은 어려운 싸움입니다. 원수는 자신을 숨기고, 발견되지 않으려 하며, 일상생활의 틈새에 능숙하게 숨어서 사람을 죽이는 분노와 거짓된 유혹이라는 치명적 무기로 영혼들이 깨닫지 못하는 사이에 그들을 조금씩 속이며 공격하려 합니다. 그래서 교황은 조심하라고, '너무 순진하면 안 된다.'라고 하며 놀라지 말고 깨어 기도하라고 합니다. 그리고 하느님의 자비를 온전히 신뢰하며 하느님께 자신을 내맡기라고 끊임없이 호소합니다.

복음서에서 배우기, 그리고 또

악마에게 맞서 싸우는 법을 배우기 위하여, 프란치스코 교황은 먼저 복음서를 참조합니다. 그리하여 예수님의 가르침에서 현대인이 자신의 영적 싸움을 하도록 부름받은 구체적이고 실제적인 상황을 비추는 모든 부분을 찾아냅니다.

우리는 이 책에서 프란치스코 교황이 부에노스아이레스의 대주교로서 행한 강론과 연설, 교황 임기 동안의 자료를 살펴볼 것입니다. 오늘날 이 세상에서 악마의 활동이 강해질수록 교황은 우리도 이 세상의 우두머리에 맞서 늘 경계하도록 일깨웁니다. 그러면서 원수에 맞선 영적 투쟁을 점점 더 자주 언급합니다.

프란치스코 교황의 말은 과거의 엄청난 유산에 기초하면서도 앞서 언급한 사목적 관심을 우선하면서 언제나 단순하고 직접적이고 구체적인 가르침을 제시하므로, 우리도 일종의 '이중창'을 구성하고자 했습니다. 교황의 말에 호응하듯이 성경, 교부와 성인들의 문헌, 교황 문헌과 교회 문헌을 함께 실어 교황의 메시지를 더 깊이 이해할 수 있도록 했습니다.

프란치스코 교황이 전하는 메시지는 더없이 절실하고 지극히 현실적이면서도 늘 예수님의 말씀에 희망과 믿음을 두고 있습니다. 그러면서 악마의 활동을 육의 유혹과 '세상의 영'에게 돌리면서 이렇게 단언합니다. "내가 너희에게 이 말을 한 이유는, 너희가 내 안에서 평화를 얻게 하려는 것이다. 너희는 세상에서 고난을 겪을 것이다. 그러나 용기를 내어라. 내가 세상을 이겼다."(요한 16,33)

차례

머리말 프란치스코 교황이 말하는 악마 5

1. 예수님도 유혹을 받으셨습니다
악마는 불화의 아버지 19
더 쉬운 길의 유혹 22
마귀를 물리치는 방법 25
악마는 존재합니다 32
하느님 말씀으로 마귀의 유혹에 맞서기 39
험담의 유혹 45
세속성의 유혹 49
예수님도 유혹을 받으셨습니다 57
게으름의 영 60
주님께 기도하지 않는 사람은 악마에게 기도합니다 63

2. 마귀와 대화하지 마십시오
어둠의 언어 71
악의 영은 우리가 지닌 사명에서 벗어나게 합니다 75
어둠의 세력과 죽음의 문화 78
거짓의 매력 81
유혹의 세 단계 88
내부의 적 95
거짓의 아비는 어둠으로 이끕니다 98
우상은 죽음을 가져옵니다 104
마귀와 대화하지 마십시오 106
전쟁을 하는 것은 모두를 죽이려 하는 악령입니다 110

3. 지옥의 길은 좋은 의도로 닦아집니다

거짓 영성의 위험 119
악마는 교회를 박해합니다 122
악마는 희망을 앗아 가려 합니다 126
천사와 악마 129
'하느님의 전쟁'을 위한 기도의 힘 137
어둠의 우두머리에 맞선 싸움 140
폐쇄의 유혹 146
거짓의 어둠과 영적 세속성 149
지옥의 길은 좋은 의도로 닦아집니다 152
악마와 길 잃은 양 155

4. 사탄은 위선적인 아첨가

무덤들 사이에서, 마귀 들린 사람처럼 163
지옥의 거짓된 승리 167
사탄의 지배에 맞선 싸움 173
사탄은 위선적인 아첨가 178
빛과 어둠의 대조 185
'썩어 없어질 양식'의 유혹 190
유혹에 맞서는 법 194
근대 후 문화에 나타나는 악의 뿌리 202
이 세상 우두머리의 점잖은 박해 210
자신의 약함을 인정하기 214

부록1 성 미카엘 대천사에게 드리는 레오 13세 교황의 기도 222
부록2 본문 글 출처 224

1

예수님도
유혹을 받으셨습니다

악마는 불화의 아버지

The Devil Exists

 예수님의 십자가 곁에 불화의 씨앗을 뿌리는 이들이 있었음을 기억합시다. 그들은 예수님께 "십자가에서 내려와 보아라."라고 말하고, 다른 이들에게는 "내려오지 않는 걸 봐. 하느님이 아니야"라고 말했습니다.

 불화, 질투, 폭력은 우리가 형제로서 살지 못하게 합니다.

 "어머니, 우리가 마음에서 불화를 멀리하고, 질투를 멀리하고, 폭력을 멀리하게 해 주십시오. 우리는 형제로서 살아야 하기 때문입니다."

 오늘 우리의 어머니이신 성모님께 이렇게 말씀드립시다.

 예수님이 십자가에서 수난하실 때에도 불화의 씨를 뿌리는 이가 있었고, 역사의 흐름 속에서 언제나 그렇게 하는 이들이 있었습니다. 악마는 잠잠히 있지 않습니다. 악마는 거짓의 아비고, 불화의 아비입니다. 그리고 분열의 아비고, 폭력의 아비입니다. 우리는 이런 아버지를 원치 않습니다. 그는 우리가 형제가 되는 것을 막으며, 우리를 분열시키기 때문입니다.

"어머니, 우리는 형제로서 살아야 하고, 형제로 사는 법을 다시 기억해 내야 합니다. 형제로 사는 법을 잊어버리지 않게 해 주십시오."

성모님이 우리에게, 형제로 사는 법을 다시 기억할 수 있는 은총을 구해 주시기를 바랍니다.[1]

하루는 하느님의 아들들이 모여 와 주님 앞에 섰다. 사탄도 그들과 함께 와서 주님 앞에 섰다. 주님께서 사탄에게 물으셨다. "너는 어디에서 오는 길이냐?" 사탄이 주님께 "땅을 여기저기 두루 돌아다니다가 왔습니다." 하고 대답하자, 주님께서 사탄에게 말씀하셨다. "너는 나의 종 욥을 눈여겨보았느냐? 그와 같이 흠 없고 올곧으며 하느님을 경외하고 악을 멀리하는 사람은 땅 위에 다시 없다. 그는 아직도 자기의 흠 없는 마음을 굳게 지키고 있다. 너는 까닭 없이 그를 파멸시키도록 나를 부추긴 것이다."

이에 사탄이 주님께 대답하였다. "가죽은 가죽으로! 사람이란 제 목숨을 위하여 자기의 모든 소유를 내놓기 마련입니다. 그렇지만 당신께서 손을 펴시어 그의 뼈와 그의 살을 쳐 보십시오. 그는 틀림없이 당신을 눈앞에서 저주할 것입니다." 그러자 주님께서 사탄에게 이르셨다. "좋다, 그를 네 손에 넘긴다. 다만 그의 목숨만은 남겨 두어라."

이에 사탄은 주님 앞에서 물러 나와, 욥을 발바닥에서 머리 꼭대기까지 고약한 부스럼으로 쳤다. 욥은 질그릇 조각으로 제 몸을 긁으며 잿더미 속에 앉아 있었다. 그의 아내가 그에게 말하였다. "당신은 아직도 당신의 그 흠 없는 마음을 굳게 지키려 하나요? 하느님을 저주하고 죽어 버려요." 그러자 욥이 그 여자에게 말하였다. "당신은 미련한 여자들처럼 말하는구려. 우리가 하느님에게서 좋은 것을 받는다면, 나쁜 것도 받아들여야 하지 않겠소?" 이 모든 일을 당하고도 욥은 제 입술로 죄를 짓지 않았다.

욥 2,1-10

더 쉬운 길의 유혹

The Devil Exists

성령은 우리를 하느님의 신비로, 하느님의 사랑으로 이끄시고, 우리가 우리 내면에서 구원되었음을 느끼게 하십니다. 어떤 일이 일어나더라도, 우리는 구원되었습니다. 그리고 이것은 성령의 은총입니다. 우리는 희망으로 구원되었습니다.

방금 우리는 희망이 우리를 실망시키지 않는다는 것을 들었습니다. 하지만 우리는 매일 수천 가지 문제 속에서 계속 걸어가야 합니다. 가정 문제, 노동 문제, 여기에도 문제, 저기에도 문제……. 그럼에도 우리는 계속 걸어가야 하고, 심지어는 위험하게도 악마의 유혹 한가운데를 걸어가야 합니다.

악마는 우리에게 언제나 "더 쉬운 길을 택해!"라고 말합니다. 우리에게 길을 따라 걷는 것보다 지름길을, 빠른 길을 제시합니다. 우리를 유혹하고, 우리를 실망시키지 않는 희망을 앗아 가려 합니다. 마귀가 무엇을 하는지 말해도 될까요? 마귀는 우리의 등을 토닥이며 이렇게 말합니다. "아니야, 이쪽 길이 좋아. 그런 말은 듣지 마, 너는 훌륭해. 이리 와, 돈을 좀 모아 봐." 돈은 당연히 허영심을 가져오고, 허영심은 교만을 가져옵니다. 그러고 나면, 그 길에서는 마귀가 임금이 됩니다. 마귀가 우리의 등을 토닥이는 것은 우리가 희망을 갖지 않도록 하기 위해서입니다.[2]

많은 강물을 받아들여도 바다는 결코 가득 차지 않는다. 그와 마찬가지로 탐욕스러운 사람의 물욕은 결코 충족되지 않는다. 그는 재산을 두 배로 만들고는 곧 네 배로 만들기를 바라며, 그러한 끝없는 추구를 죽음이 끝낼 때까지 결코 멈추지 않는다.

현명한 수도승은 몸의 필요를 돌볼 것이며 궁핍한 위에 약간의 빵과 물로 연명할 것이다. 그는 배의 쾌락을 위하여 부자에게 아첨하지 않고, 그의 자유로운 정신을 여러 주인에게 예속시키지 않을 것이다. 손들은 언제나 몸에 봉사하고 자연적 필요를 충족시키기에 충분하다. 아무것도 소유하지 않는 수도승은 맞을 수 없는 권투 선수며 천국의 초대의 상급에 빨리 도달하는 재빠른 달리기 선수다.

  욕심 많은 수도승은 많은 수입을 즐거워하지만, 아무것도 소유하지 않은 수도승은 그가 잘한 것에서 주어지는 상급을 기뻐한다. 욕심 많은 수도승은 열심히 일하지만, 아무것도 소유하지 않은 수도승은 기도와 독서에 시간을 쓴다. 욕심 많은 수도승은 비밀스러운 방을 금으로 채우지만, 아무것도 소유하지 않은 수도승은 천국에 보물을 쌓는다. 우상을 만들고 그것을 숨기는 이는 저주를 받을 것이다. 그는 탐욕에 집착하는 사람과 같다. 우상을 만드는 사람은 거짓되고 쓸모없는 것 앞에 엎드려 절하고, 탐욕에 집착하는 사람은 마치 신상처럼 재물의 표상을 자신 안에 지니고 다닌다.

에바그리우스 폰티쿠스, 《안티레티코스》, 8

마귀를 물리치는 방법

The Devil Exists

"마귀와 상대하지 마십시오." 프란치스코 교황은 성녀 마르타의 집에서 집전한 미사 강론에서 마귀가 세상에 현존하는 데 따르는 위험을 진지하게 받아들일 것을 권고했습니다. "마귀의 현존은 성경 첫 페이지에 들어 있으며 성경은 다시 마귀의 현존으로, 하느님이 마귀에게 승리하시는 것으로 끝납니다." 하지만 교황은 마귀가 언제나 다시 나타나 유혹한다고 경고합니다. "그러므로 우리는 너무 순진해서는 안 됩니다."

교황은 루카 복음서에서 예수님이 마귀들을 쫓아내시는 장면을 언급했습니다(루카 11,14-26). 루카 복음사가는 그 자리에 있던 이들이 당황하며 예수님이 마법을 쓰신다고 비난하고 심지어 예수님을 간질 환자를 치유하는 사람이라고만 인정했다는 것도 전합니다. 교황은 이렇게 말했습니다. "오늘날에도 이 구절과 복음의 다른 구절을 읽으면서, 예수님이 정신병에 걸린 사람을 치유하셨다고 말하는 신부들이 있습니다. 분명 그 시대에는 간질을 마귀 들린 것과 혼동했을 수 있다고 인정합니다. 하지만 마귀가 있었다는 것도 사실입니다. 그리고 우리에게는 이 이야기를 지나치게 단순화할 권리가 없습니다." 마귀 들린 사람이 아니라 단지 병에 걸린 사람이었던 것처럼 여길 수는 없다는 것입니다.

교황은 다시 복음으로 돌아가서 예수님이 우리에게 마귀의 현존을 알아보고 대처할 수 있는 몇 가지 기준을 알려 주신다고 했습니다. 그러면서 이렇게 물었습니다. "그렇게도 유혹이 많은데 어떻게 그리스도인으로서 우리 길을 갈 수 있을까요? 악마가 우리를 방해하려고 들어올 때 어떻게 해야 할까요? 복음에서 제시하는 첫 번째 기준은 악과 악마에 대한 예수님의 승리를 어중간하게 얻을 수는 없다는 것입니다." 교황은 이를 설명하기 위하여 루카 복음서에서 전한 예수님의 말씀을 인용했습니다. "내 편에 서지 않는 자는 나를 반대하는 자고, 나와 함께 모아들이지 않는 자는 흩어 버리는 자다."

(루카 11,23) 그리고 악마에 사로잡힌 사람에 대한 예수님의 행동을 이야기하며 이렇게 말했습니다. "이것은 그분이 인류 전체를 위하여 행하신 일 중 작은 한 부분에 지나지 않습니다. 예수님은 우리를 악마의 종살이에서 해방시키기 위하여 악마의 활동을 무너뜨리러 오셨습니다."

이 말을 과장이라고만 여길 수는 없습니다. "예수님 편에 서 있지 않으면 예수님을 반대하는 것입니다. 이 점에 대해서는 애매함이 없습니다. 하나의 싸움이 있고, 우리 모두의 영원한 구원이 그 싸움에 달려 있습니다. 때로 우리는 더 편안하게 느껴지는 몇 가지 사목적 제안을 듣게 되지만, 대안이란 없습니다." 교황은 반복하여 말했습니다. "아닙니다. 당신이 예수님 편에 서 있지 않으면 당신은 그분을 반대하는 것입니다. 이것이 기준입니다."

마지막 기준은 경계하는 것입니다. "우리는 언제나 경계해야 합니다. 속임수와 악령의 유혹을 경계해야 합니다." 교황은 이렇게 권고하며 다시 복음을 인용했습니다. "힘센 자가 완전히 무장하고 자기 저택을 지키면 그의 재산은 안전합니다. 이제 우리는 자문할 수 있습니다. 나는 나 자신에 대하여,

내 마음에 대하여, 나의 감정에 대하여, 나의 생각에 대하여 경계하고 있습니까? 은총의 보물을 잘 지키고 있습니까? 내 안에 계시는 성령의 현존을 잘 지키고 있습니까?" 그리고 다시 복음을 인용하며 이렇게 덧붙였습니다. "잘 지키지 않다가 더 힘센 자가 덤벼들어 그를 이기면, 그자는 그 사람이 의지하던 무장을 빼앗고 저희끼리 전리품을 나눕니다."

이것이 세상 안에 현존하는 악마의 도전에 응답하기 위한 기준입니다. "'예수님이 악마와 맞서 싸우신다.'라는 확신, '예수님 편에 서지 않는 사람은 예수님을 반대하는 사람'이라는 것, 그리고 '경계하는 것'입니다." 교황은 다시 말했습니다. "마귀는 영리하다는 점을 기억해야 합니다. 마귀는 결코 영원히 쫓겨나지 않습니다. 마지막 날에야 영원히 쫓겨날 것입니다." 그리고 복음을 인용하며 이렇게 상기시켰습니다. "더러운 영이 사람에게서 나가면, 쉴 데를 찾아 물 없는 곳을 돌아다니지만 찾지 못합니다. 그때에 그는 '내가 나온 집으로 돌아가야지.' 하고 말합니다. 그러고는 가서 그 집이 말끔히 치워지고 정돈되어 있는 것을 보게 됩니다. 그러면 다시 나와, 자기보다 더 악한 영 일곱을 데리고 그 집에 들어가 자리를 잡습니다.

그리하여 그 사람의 끝이 처음보다 더 나빠집니다."

그렇기 때문에 반드시 경계해야 합니다. 교황은 이렇게 말했습니다. "악마의 전술은 이러합니다. '너는 그리스도인이 되었고, 신앙에서 진보한다. 그러면 나는 너를 가만히 둔다. 평온하게 둔다. 하지만 네가 타성에 젖어 경계가 약해지고 너 스스로 안전하다고 느낄 때, 나는 돌아올 것이다.' 오늘의 복음은 마귀가 쫓겨나는 것에서 시작해서 그 마귀가 되돌아오는 것으로 끝납니다. 베드로 사도는 이에 대하여, '악마가 으르렁거리는 사자처럼 누구를 삼킬까 하고 찾아 돌아다닙니다.'(1베드 5,8)라고 말했습니다. 이것은 빈말이 아니라 주님의 말씀입니다."

교황은 마지막으로 이렇게 기도하며 강론을 마쳤습니다. "주님께 이러한 것들을 진지하게 받아들일 은총을 청합시다. 그분은 우리 구원을 위하여 싸우러 오셨고, 마귀를 물리치셨습니다."[3]

예수님께서 벙어리 마귀를 쫓아내셨는데, 마귀가 나가자 말을 못하는 이가 말을 하게 되었다. 그러자 군중이 놀라워하였다.

그러나 그들 가운데 몇 사람은, "저자는 마귀 우두머리 베엘제불의 힘을 빌려 마귀들을 쫓아낸다." 하고 말하였다. 다른 사람들은 예수님을 시험하느라고, 하늘에서 내려오는 표징을 그분께 요구하기도 하였다. 예수님께서는 그들의 생각을 아시고 이렇게 말씀하셨다. "어느 나라든지 서로 갈라서면 망하고 집들도 무너진다. 사탄도 서로 갈라서면 그의 나라가 어떻게 버티어 내겠느냐? 그런데도 너희는 내가 베엘제불의 힘을 빌려 마귀들을 쫓아낸다고 말한다. 내가 만일 베엘제불의 힘을 빌려 마귀들을 쫓아낸다면, 너희의 아들들은 누구의 힘을 빌려 마귀들을 쫓아낸다는 말이냐? 그러니 바로 그들이 너희의 재판관이 될 것이다. 그러나 내가 하느님의 손가락으로 마귀들을 쫓아내는 것이면, 하느님의 나라가 이미 너희에게 와 있는 것이다.

힘센 자가 완전히 무장하고 자기 저택을 지키면 그의 재산은 안전하다. 그러나 더 힘센 자가 덤벼들어 그를 이기면, 그자는 그가 의지하던 무장을 빼앗고 저희끼리 전리품을 나눈다.

내 편에 서지 않는 자는 나를 반대하는 자고, 나와 함께 모아들이지 않는 자는 흩어 버리는 자다."

"더러운 영이 사람에게서 나가면, 쉴 데를 찾아 물 없는 곳을 돌아다니지만 찾지 못한다. 그때에 그는 '내가 나온 집으로 돌아가야지.' 하고 말한다. 그러고는 가서 그 집이 말끔히 치워지고 정돈되어 있는 것을 보게 된다. 그러면 다시 나와, 자기보다 더 악한 영 일곱을 데리고 그 집에 들어가 자리를 잡는다. 그리하여 그 사람의 끝이 처음보다 더 나빠진다."

루카 11,14-26

악마는 존재합니다

The Devil Exists

"21세기에도 악마는 존재합니다. 우리는 복음에서 악마와 싸우는 법을 배워야 합니다." 올가미에 걸리지 않기 위해서 악마와 싸워야 합니다. 하지만 이를 위해서는 순진하지 않아야 합니다. 그래서 악마의 유혹에 담긴 세 가지 특징을 통해 악마의 전략을 알아야 합니다. 악마의 유혹은 천천히 시작되고, 그다음에는 자라나서 인간을 전염시키며, 마지막에는 자신을 정당화할 방법을 찾아냅니다. 프란치스코 교황은 악마에 대해 말하는 것을 두고, 오늘날 사람들이 옛날 사람들에게나 해당하는 일이라고 여기는 것을 경계하며, 악마에게 집중했습니다.

교황은 싸움에 대해 이렇게 설명했습니다. "예수님의 삶도 하나의 싸움이었습니다. 그분은 악을 물리치기 위하여, 이 세상의 우두머리를 물리치기 위하여, 마귀를 물리치기 위하여 오셨습니다. 예수님은 자주 당신을 시험했던 마귀와 싸우셨고, 당신의 삶에서 유혹과 박해도 겪으셨습니다. 그러므로 예수님을 따르려고 하는 우리 그리스도인들도, 세례를 통하여 예수님의 길에 들어선 우리도 이 진리를 잘 알아야 합니다. 우리도 유혹을 받습니다. 우리도 마귀의 공격 대상입니다. 악마가 우리를 공격하는 것은 악의 영이 우리의 성덕을 원하지 않으며, 그리스도교적인 증거를 원하지 않고, 우리가 예수님의 제자가 되는 것을 원하지 않기 때문입니다."

교황은 이렇게 질문을 던졌습니다. "하지만 악령은 우리가 예수님의 길에서 멀어지도록 어떻게 유혹할까요?" 이에 대한 대답은 분명합니다. "유혹은 처음에 가볍게 시작하지만 자라납니다. 점점 커집니다. 또한 다른 사람을 전염시킵니다. 다른 사람에게 전달되고, 집단으로 확산됩니다. 마지막으로, 영혼을 진정시키기 위하여 자신을 정당화합니다." 그러므로 유혹의 특징은 세 단어로 나타낼 수 있습니다. "커지고, 전염시키고, 자신을 정당화합니다."

예수님이 광야에서 겪으신 첫 번째 유혹에서도 이를 확인할 수 있습니다. "그 유혹은 마치 매혹시키는 것과 같습니다. 악마는 서서히 다가갑니다. 그리고 예수님께 '왜 하지 않소? 성전에서 뛰어내려서 30년의 삶을 아껴 보시오. 하루 사이에 모든 이들이 당신을 메시아라고 할 것이오.'라고 말합니다. 그것은 악마가 아담과 하와에게도 했던 것입니다. 악마는 그들에게 '이 사과를 먹어 봐, 맛있어! 너를 지혜롭게 해 줄 거야!'라고 말했습니다. 악마는 매혹의 전술을 사용합니다. 마치 영적인 스승처럼, 조언자처럼 말합니다. 만약 유혹을 거부하면 그다음에는 더 강해져서 다시 돌아옵니다."

교황의 설명에 따르면, 루카 복음서에서 예수님이 "더러운 영이 나가면 돌아다니다가 다른 영들을 찾아서 함께 돌아온다."라고 말씀하신 것이 이를 지칭합니다. 그리고 이것이 바로 요한 복음서에서 이야기하는 것이기도 합니다(요한 10,31-42 참조). 교황은 이렇게 말했습니다. "마귀는 예수님의 적을 데리고 오고, 그들은 이 시점에서 손에 돌을 들고 그분과 이야기합니다." 그들은 그분을 죽이려 합니다. 여기에서 그들 사이에 유혹을 전염시킴으로써 "그 힘이 커지는 것을 아주 분명하게 볼 수 있습니다. 조용한 물 한 줄기로 보이던 것이 냇물이 되고, 강물이 되어 사람을 휩쓸고 갑니다. 유혹은 언제나 점점 커지고 사람들을 전염시키기 때문입니다."

악마의 유혹의 세 번째 특징은 마지막에는 자신을 정당화한다는 것입니다. 이에 대해 교황은, 예수님이 처음으로 나자렛 집에 돌아오셔서 회당에 가셨을 때 사람들이 보인 반응을 상기시켰습니다. 처음에는 그들 모두가 그분의 말씀에 놀랐고, 그다음에 곧 유혹이 시작되었습니다. "이 사람은 목수 요셉과 마리아의 아들이 아닌가? 공부를 제대로 한 적도 없는데, 무슨 권위로 말을 하는가?" 이렇게 그들은 그 순간에 예수님을 벼랑 아래로 던져 죽이려는 계획을 정당화하려 합니다(루카 4,16-30 참조).

요한 복음서에서도 예수님과 말하는 이들은 그분을 죽이려 합니다. 그들은 손에 돌을 들고 그분과 논쟁합니다. 이렇게 유혹은 모든 이가 예수님께 맞서게 했고 모든 이는 이에 대해 자신을 정당화합니다. 프란치스코 교황은 "정당화의 절정은 대사제의 말"이라고 했습니다. 대사제는 "그만하자. 너희는 아무것도 모르는구나! 백성을 위하여 한 사람이 죽는 것이 더 낫다는 것을 모르느냐? 백성을 구하기 위해서 그는 죽어야 한다!"라고 말하고, 다른 모든 이들은 대사제가 옳다고 여깁니다. 그것은 전적인 정당화입니다.

교황은 이렇게 말했습니다. "우리도 유혹을 받을 때에 이와 같은 길을 갑니다. 유혹은 점점 커지고 다른 사람을 전염시킵니다." 험담의 경우를 생각하면 알 수 있습니다. 우리가 어떤 사람에 대해 질투를 하고 있으면 우리는 그 질투를 안에 간직하지 않고 그것을 다른 사람과 나누며, 그 사람에 대해 나쁜 말을 하고 다닙니다. 교황은 이에 대해 이렇게 말했습니다. "험담은 점점 커져 한 사람에게, 그리고 또 한 사람에게 전염됩니다. 이것이 험담의 기제입니다. 우리 모두는 험담의 유혹을 받은 적이 있습니다." 그러면서 이렇게 털어놓았습니다. "저도 험담의 유혹을 받은 일이 있습니다. 그것은 일상적인 유혹입니다. 이 유혹은 물 한 가닥처럼 살며시 시작합니다. 우리 마음 안에 사람들을 파괴하고 싶은 마음이 느껴지면, 명예를 파괴하고 우리를 속된 생각과 죄로 이끌어 우리의 삶을 파괴하고 싶은 마음이 같이 커집니다. 우리는 이 마음을 주의해야 합니다." 또한 이렇게 말했습니다. "우리가 물 한 가닥을 제때에 막지 않는다면, 그것이 커지고 전염되어 악을 정당화하게 하는 밀물이 될 것이기에 주의해야 합니다." 복음서에서 대사제가 "백성을 위하여 한 사람이 죽는 것이 낫다."라고 말한 것처럼 스스로를 정당화하는 것입니다.

교황은 이렇게 말했습니다. "우리는 모두 유혹을 받습니다. 우리의 영적인 삶과 그리스도인의 삶의 법칙은 하나의 싸움이기 때문입니다. 이것은 이 세상의 우두머리가 우리의 성덕을 원하지 않고, 우리가 그리스도를 따르는 것을 원하지 않는다는 사실에서 나오는 귀결입니다."

마지막으로 교황은 이렇게 끝맺었습니다. "여러분 가운데 누군가는 '교황님, 21세기에 악마에 대해 말하다니 옛날 사람이시군요!'라고 말할 수 있을 것입니다. 하지만 저는 여러분께 강조합니다. 조심하십시오. 악마는 존재합니다. 21세기에도 악마는 존재합니다. 그러므로 우리는 순진해서는 안 됩니다. 우리는 복음에서 악마와 맞서 싸우는 법을 배워야 합니다."[4]

우리의 첫 조상들이 불순명을 선택하게 된 배후에는, 하느님을 거스르는 유혹의 목소리가 있었다. 그 목소리는 질투심 때문에 그들을 죽음에 빠지게 하였다. 성경과 교회의 성전은 그 목소리에서 사탄 또는 악마라 불리는 타락한 천사를 본다. 교회는 그가 본래 하느님께서 창조하신 선한 천사였다고 가르친다. ……

성경은 이 천사들의 죄에 대해 말한다. 이 '타락'은 하느님과 하느님 나라를 철저하게 그리고 결정적으로 거부한 이 영적 피조물들의 자유로운 선택으로 생겨난 것이다. 우리 첫 조상들에게 "너희가 하느님처럼 될 것이다."(창세 3,5)고 한 유혹자의 말에 바로 이 반역을 엿볼 수 있다. "악마는 처음부터 죄를 지었고"(1요한 3,8), "거짓말쟁이며 거짓의 아비"(요한 8,44)다.

천사들의 죄가 용서받을 수 없는 것은 하느님의 무한한 자비에 결함이 있어서가 아니라 그들의 선택이 지닌 돌이킬 수 없는 특성 때문이다.

《가톨릭교회 교리서》, 391-393항

하느님 말씀으로 마귀의 유혹에 맞서기

The Devil Exists

그리스도인들은 사순 시기에 감각을 다스리고, 하느님의 꿈과 계획을 직접적으로 위협하는 수많은 불의에 눈을 떠야 합니다. 이 시기는 하느님이 빚어 만들고자 하신 모상을 깨뜨리고 갈라놓는 세 가지 유혹을 폭로할 때입니다.

이것은 그리스도가 겪으신 세 가지 유혹이고, 우리가 받은 진리를 무너뜨리려고 하는 그리스도인의 세 가지 유혹이며, 우리를 타락시키고 품위를 잃게 만들려 하는 세 가지 유혹입니다.

첫 번째 유혹은 재물입니다. 모든 이를 위하여 주어진 재화를 오직 나만을 위해서 또는 '내 사람들'만을 위해서 차지하는 것입니다. 다른 사람의 땀과 고생과 고통으로 오직 자신의 빵만 마련하는 것입니다. 그리고 부패한 가정이나 사회에서 빵을 자신의 자녀들이나 이웃들에게만 먹으라고 주는 것입니다.

두 번째 유혹은 허영입니다. 그것은 '아무것도 아닌' 이들을 지속적으로 계속 무시하면서 이를 토대로 자신의 영예를 추구하는 것입니다. 다른 이들의 명예를 용납하지 않으면서 과도하게 한순간의 명예를 추구하는 것입니다. 이러한 '쓰러진 나무를 장작 삼아' 가장 나쁜 세 번째 유혹이 생겨납니다. 그것은 교만의 유혹, 곧 자신은 언젠가 죽을 보통 인간들의 삶을 함께 겪지 않는다고 생각하면서 매일 "주님, 저를 저 사람들처럼 만들지 않으셨음에 감사드립니다."라고 기도하고 어떤 식으로든 자신을 다른 사람보다 우위에 두는 것입니다. 이것이 그리스도가 겪으신 세 가지 유혹입니다.

그리스도인은 매일 이 세 가지 유혹에 직면합니다. 이 유혹들은 인간을 타락시키고 파괴하며 복음의 기쁨과 신선함을 잃게 합니다. 또한 우리를 파괴와 죄의 순환 속에 가둡니다.

우리는 스스로에게 물어야 합니다. 우리는 우리의 인격 안에서, 우리 자신 안에서 이러한 유혹을 얼마나 의식하고 있습니까?

우리는 재물, 허영, 교만이 삶의 원천이며 힘이라고 생각하는 생활 방식에 얼마나 익숙해져 있습니까?

우리는 다른 사람들을 돌보는 것, 다른 이들의 빵과 명예와 존엄성을 염려하고 그것을 위해 일하는 것이 기쁨과 희망의 원천이라고 얼마나 믿고 있습니까?

우리는 마귀가 아니라 예수님을 선택했습니다. 예수님은 마귀에게 당신 자신의 말로 응답하지 않으셨고 하느님의 말씀으로, 성경 말씀으로 대답하셨습니다. 형제자매 여러분, 이것을 머릿속에 잘 기억해 둡시다. 마귀와는 대화하는 것이 아닙니다! 그가 항상 우리를 이길 것이기 때문입니다. 하느님의 말씀만이 악마를 물리칠 수 있습니다. 우리는 마귀가 아니라 예수님을 선택했습니다. 우리는 그분의 발자취를 따르려고 하지만, 그것이 쉽지 않다는 것을 압니다. 우리는 돈, 명예, 권력에 매혹된다는 것이 무엇을 의미하는지 압니다. 그래서 교회는 우리에게 이 사순 시기를 주고, 한 가지만을 확신하며 회개하도록 초대합니다. 그것은 그분이 우리를 기다리고 계시며, 자신의 품위나 다른 사람의 품위를 떨어뜨리는 모든 것에서 우리의 마음을 치유하고자 하신다는 것입니다. 그분은 자비라는 이름을 지니신 하느님이십니다. 그분의 이름이 우리의 재산이고, 그분의 이름이 우리의 명예고, 그분의 이름이 우리의 권력입니다. 그분의 이름으로 다시 한번 시편을 되풀이합시다. "나의 하느님, 나 그분을 신뢰하네."(시편 91,2) 함께 되풀이하시겠습니까? 세 번 하겠습니다. "나의 하느님, 당신을 신뢰합니다." "나의 하느님, 당신을 신뢰합니다." "나의 하느님, 당신을 신뢰합니다."[5]

하느님은 기도를 해야 할 필요성을 우리가 깨닫는 것이 우리에게 큰 선을 가져다준다는 것을 아신다. 이를 위해 그분은 우리가 원수들의 공격을 받는 것을 허락하신다. 그것은 우리가 하느님 당신께 도움을 청하도록 이끌기 위해서다. 그리고 우리에게 약속하신다. 그러나 그분은 우리가 위험 속에서 당신께 의지하는 것을 기뻐하시는 그만큼, 우리가 기도를 소홀히 하는 것을 보시면 언짢아하신다. 보나벤투라 성인은, 임금이 광장에서 공격을 받으면서 그에게 도움을 요청하지 않는 대장을 불충하다고 여기는 것과 같이 하느님은 유혹의 공격을 받으면서 당신께 도움을 청하지 않는 사람은 당신을 배신한 것이라고 여기신다고 말한다. 하느님은 당신께 청하기를 바라고 기다리시며, 우리를 넘치도록 도와주고자 하시는 것이다. ……

구세주는 이렇게 말씀하신다. "불쌍한 나의 자녀들아, 너희가 원수들에게 패배하고 너희 죄의 무게에 억눌릴 때에 용기를 잃지 말고 기도로 나에게 의지하여라. 내가 너희에게 저항할 힘을 주겠고, 너희의 모든 불행에 피신처를 주겠다."(마태 11,28 참조)

…… 주님이 우리를 강한 원수들과 싸우도록 전장으로 보내셨지만, 그분은 당신 약속에 충실하시며 우리가 견딜 수 있는 것보다 더 강한 공격을 받게 하지 않으신다(1코린 10,13 참조). 그분은 당신께 청하는 이를 즉시 도와주시는 충실하신 분이시다. 지극히 뛰어난 학자인 고티 추기경은, 주님이 우리에게 언제나 유혹과 동등한 은총을 주셔야만 하는 것이 아니라, 우리가 유혹을 받으며 그분께 의지할 때 모든 이에게 지니고 계시는 은총을 베푸시고 우리가 실제로 유혹에 저항하기에 충분한 힘을 주신다고 말한다(*De div. grat.* q. 2 d. 5, par. 3). 우리는 겸손하게 청하는 모든 이에게 주어지는 하느님의 도우심으로 모든 것을 할 수 있다. 그러므로 우리가 유혹에 굴복한다면 변명의 여지가 없다. 우리가 굴

복하는 것은 오직 우리의 잘못 때문이다. 우리가 기도하지 않기 때문인 것이다. 아우구스티노 성인은 기도로써 원수의 모든 간계와 힘들을 충분히 극복할 수 있다고 말한다(*De sal. doc.* c, 28).

알폰소 마리아 데 리구오리 성인, 《위대한 도구인 기도에 대하여》, II, 2

험담의 유혹

The Devil Exists

프란치스코 교황은 바티칸 근위대에게 한 강론에서 다음과 같이 말했습니다. "여러분 가운데 누군가는 저에게 이렇게 말할 수도 있을 것입니다. '하지만 교황님, 여기서 우리가 악마와 무슨 상관이 있습니까? 우리는 이 나라, 이 도시의 안전을 지켜야 합니다. 도둑이 없도록, 범죄자가 없도록, 원수들이 이 도시를 차지하러 오지 않도록 해야 합니다.' 그 말도 맞지만, 나폴레옹은 다시 돌아오지 않을 것입니다. 그렇지 않습니까? 나폴레옹은 떠나갔습니다. 그리고 군대가 여기 와서 이 도시를 점령한다는 것은 쉬운 일이 아닙니다. 오늘날 전쟁은, 적어도 여기에서는, 다른 방식으로 이루어집니다. 그것은 어둠이 빛과 맞서는, 밤이 낮과 맞서는 전쟁입니다."

교황은 "바티칸의 문과 창문을 지키는 일은 물론 중요하지만, 여러분의 수호성인인 성 미카엘 대천사처럼 바티칸에서 일하는 사람의 마음의 문을 지킬 것"을 요청했습니다. 다른 곳에서와 똑같이 유혹은 그 문으로 들어옵니다. "하지만 한 가지 유혹이 있습니다. 이것은 저를 포함해서 모든 이에게 해당하는 것입니다. 악마가 매우 좋아하는 유혹이 있습니다. 바로 일치를 거스르는 유혹입니다. 바티칸에서 살고 일하는 이들의 일치를 거스르는 공격 말입니다. 악마는 내부의 전쟁을, 일종의 영적인 내전을 일으키려고 합니다. 그렇지 않습니까? 그것은 우리가 아는 무기들로 하는 전쟁이 아니라, 혀로 하는 전쟁입니다."

'험담'으로 무장한 혀가 전쟁을 일으킵니다. 교황은 험담이라는 독을 끊임없이 경고하며, 근위병들을 향하여 촉구했습니다. "여러분에게 요청합니다. 험담에서 서로를 보호하십시오. 이 전쟁에서 우리를 도와주시도록 성 미카엘 대천사에게 청합시다. 다른 사람에 대해 결코 험담하지 말고, 험담에 귀를 기울이지 마십시오. 그리고 누군가 험담하는 것을 듣는다면, 중지시키십시오. '여기서는 안 됩니다. 성녀 안나 문(바티칸 시국으로 들어가는 주요 입구 중 하나로 스위스 근위병들이 보초를 서는 곳이다. ─ 편집자 주)을 돌아서, 밖으로 나가서 거기서 험담하십시오. 여기서는 안 됩니다!' 그것입니다. 좋은 씨는, 다른 사람에 대해 좋게 말하는 것은 좋습니다. 하지만 가라지는 안 됩니다."[6]

여러분의 싸움은 어디에서 오며 여러분의 다툼은 어디에서 옵니까? 여러분의 지체들 안에서 분쟁을 일으키는 여러 가지 욕정에서 오는 것이 아닙니까? 여러분은 욕심을 부려도 얻지 못합니다. 살인까지 하며 시기를 해 보지만 얻어 내지 못합니다. 그래서 또 다투고 싸웁니다. 여러분이 가지지 못하는 것은 여러분이 청하지 않기 때문입니다. 여러분은 청하여도 얻지 못합니다. 여러분의 욕정을 채우는 데에 쓰려고 청하기 때문입니다. 절개 없는 자들이여, 세상과 우애를 쌓는 것이 하느님과 적의를 쌓는 것임을 모릅니까? 누구든지 세상의 친구가 되려는 자는 하느님의 적이 되는 것입니다.

그러므로 하느님께 복종하고 악마에게 대항하십시오. 그러면 악마가 여러분에게서 달아날 것입니다. 하느님께 가까이 가십시오. 그러면 하느님께서 여러분에게 가까이 오실 것입니다. 죄인들이여, 손을 깨끗이 하십시오. 두 마음을 품은 자들이여, 마음을 정결하게 하십시오. 탄식하고 슬퍼하며 우십시오. 여러분의 웃음을 슬픔으로 바꾸고 기쁨을 근심으로 바꾸십시오. 주님 앞에서 자신을 낮추십시오. 그러면 그분께서 여러분을 높여 주실 것입니다. 형제 여러분, 서로 헐뜯지 마십시오. 형제를 헐뜯거나 자기 형제를 심판하는 자는 법을 헐뜯고 법을 심판하는 것입니다. 그대가 법을 심판하면, 법을 실행하는 사람이 아니라 법의 심판자가 됩니다. 입법자와 심판자는 한 분뿐이십니다. 구원하실 수도 있고 멸망시키실 수도 있는 그분이십니다. 그대가 누구이기에 이웃을 심판한단 말입니까?

야고 4,1-4;7-12

세속성의 유혹

The Devil Exists

　모든 그리스도인은 매일 세속성의 유혹, 곧 다른 이들보다 자신이 더 훌륭하다고 느끼는 유혹을 극복하려고 노력해야 합니다. 이는 프란치스코 교황이 성녀 마르타의 집에서 집전한 미사 중에 했던 묵상의 중심이었습니다.

　교황은 말씀의 전례를 출발점으로 삼아, 피할 수 없는 이 유혹을 설명했습니다. 먼저 집회서(집회 2,1-13)에서는 "얘야, 주님을 섬기러 나아갈 때 너 자신을 시련에 대비시켜라. 네 마음을 바로잡고 확고히 다지며 재난이 닥칠 때 허둥대지 마라."(집회 2,1-2)라고 합니다. 교황은 "그리스도인의 삶은 유혹들이 있는 삶이고, 우리 모두는 유혹을 받기 때문에 유혹에 대해 준비되어 있어야 합니다."라고 설명했습니다.

교황은 이를 마르코 복음서에서 확인할 수 있다고 말했습니다(마르 9,30-37). "여기에서는 예수님이 당신의 사명을 수행하시기 위하여 제자들과 함께 결연하고 또한 단호하게 예루살렘을 향하여 가셨다고 말합니다. 그 사명은 '아버지의 뜻을 행하는 것'이었습니다. 예수님은 제자들에게 예루살렘에서 일어날 일을 예고하셨습니다. '사람의 아들은 사람들의 손에 넘겨져 그들 손에 죽을 것이다. 그러나 그는 죽임을 당하였다가 사흘 만에 다시 살아날 것이다.'(마르 9,31) 그런데도 제자들은 그 말씀을 알아듣지 못하였을 뿐만 아니라 그분께 묻는 것도 두려워했습니다. 그래서 그들은 '여기서 멈추는 것이 낫겠다.'라고 말했습니다. 다시 말하면, 사명을 수행하지 않으려는 유혹이 일어났던 것입니다." 교황은 예수님 당신도 적어도 두 번 이러한 유혹을 겪으셨다고 강조했습니다. 첫 번째는 광야에서, 악마가 다른 더 쉬운 길로, 더 간단한 방법으로 구원을 이룰 것을 제안했을 때였습니다. 두 번째는 베드로 사도가 그분을 유혹했을 때였습니다. 예수님이 당신의 운명을 말씀하실 때 베드로 사도는 "안 됩니다, 주님! 그런 일은 결코 있어서는 안 됩니다."라고 말했습니다. 예수님은 그에게도 "사탄아, 내게서 물러가라!"라고 대답하셨습니다(마태 16,22-23 참조). "사실 베드로 사도는 광야에서 악마가 했던 것을 그대로 하고 있었습니다."

교황은 복음에서 한 가지 흥미로운 점을 지적했습니다. 그것은 제자들이 예수님의 이 말씀을 들으려 하지 않았다는 점입니다. "그러나 제자들은 그 말씀을 알아듣지 못하였을 뿐만 아니라 그분께 묻는 것도 두려워하였다."(마르 9,32) 복음을 계속 읽어 가면 제자들의 어려움이 어떤 것이었는지 더 분명해집니다. "그들은 카파르나움에 이르렀다. 예수님께서는 집 안에 계실 때에 제자들에게, '너희는 길에서 무슨 일로 논쟁하였느냐?' 하고 물으셨다."(마르 9,33) 교황은 그들이 여기서도 "입을 열지 않았다."라는 것을 강조했습니다. 하지만 이번에는 부끄러움으로 입을 열지 않은 것이었습니다. 처음에 그들이 "두려워하며 '아니, 더 이상 묻지 말자. 차라리 가만히 있자.'"라고 했다면, 이번에는 부끄러워했습니다. "누가 가장 큰 사람이냐 하는 문제로 길에서 논쟁했기 때문이다."(마르 9,34) 그들은 이러한 논쟁을 부끄러워했습니다. 두려워하면서도 한편으로는 부끄러워하는 이중적 태도에 대해 교황은 이렇게 설명했습니다. "그들은 선한 사람들이었고, 주님을 따르려 했고 주님을 섬기려 했습니다. 하지만 그들은 주님을 섬기는 길이 그렇게 쉽지 않다는 것을, 어떤 단체나 자선 기관에 가입하는 것과 같지 않다는 것을 몰랐습니다. 그리고 그들은 이것을 두려워했습니다. 다른 한편으로, 그들은 세속성의 유혹을 받았습니다."

그러나 교황은 이것이 그들만이 받는 유혹은 아니라고 경고했습니다. "교회가 교회인 때부터 지금까지 이러한 유혹은 전에도 있었고 지금도 있고 앞으로도 있을 것입니다. 예를 들어 본당에는 언제나 다툼이 있고, 누군가가 '나는 이 단체의 회장이 되고 싶고, 위로 좀 올라가고 싶어.'라고 말하거나 '이 본당에서 누가 가장 큰 사람이지? 아니야, 내가 저 사람보다는 더 중요해. 저 사람은 아니야, 저 사람은 어떤 짓을 했어.'라는 것을 들을 수 있습니다. 세속성의 유혹에서 죄의 연쇄가 시작됩니다. 예를 들면 다른 사람에 대한 험담이나 뒷말이 나오게 되는데, 이는 모두 자신을 높이기 위해 사용됩니다."

교황은 성직자에게도 유혹이 있다고 경고했습니다. "때로 우리 신부들은 부끄러워하며 이렇게 말합니다. '나는 저 본당이 좋아. 그러나 주님은 여기에 계신데……. 그래도 나는 저 본당이 좋아.' 그러니까 그들은 주님의 길을 따르는 것이 아니라 허영의 길, 세속성의 길을 따르는 것입니다."

교황은 이어서 말했습니다. "우리 주교들도 똑같습니다. 세속성은 유혹으로 다가옵니다. 그래서 주교가 '나는 이 교구에 있지만, 더 중요한 저 교구에 가기를 바란다.'라고 말하고, 거기에 도달하기 위하여 압력을 넣고 영향을 미치려고 애를 쓰는 일도 생깁니다. 주님을 섬기는 것이 사명이지만, 갈망이 우리를 더 중요한 사람이 되고자 하는 세속성의 유혹으로 몰아갈 때가 많습니다. 그다음에는 실망이 올 수도 있습니다. 처음에는 두려움으로 인해, 나중에는 부끄러움으로 인해 입을 열지 않았던 예수님의 제자들도 그러했습니다." 교황은 그것을 "거룩한 부끄러움"이라고 정의하고, "우리가 이러한 상황에 있을 때에 언제나 부끄러워하는 은총을 주님께 청할 것"을 권고했습니다.

예수님은 복음을 통해서 유혹 앞에서 우리가 행위를 선택해야 하는 기준을 설명하십니다. "예수님께서는 자리에 앉으셔서 열두 제자를 불러 말씀하셨다. '누구든지 첫째가 되려면, 모든 이의 꼴찌가 되고 모든 이의 종이 되어야 한다.'"(마르 9,35) 그리고 어린이 하나를 세우시고 "이 아이처럼 되어라." 라고 말씀하셨습니다. 교황은 "그리스도가 모든 것을 뒤엎으십니다."라고 설명했습니다. "영광과 십자가, 위대함과 어린이……."

교황은 이 복음이 "우리로 하여금 주님께 우리를 야심에서, 자신이 다른 이들보다 더 크다고 느끼는 세속성에서 지켜 주시도록 교회를 위하여 기도하게 하고, 우리 모두를 위하여 기도하게 합니다."라며 끝을 맺었습니다. 그리고 우리가 그러한 유혹을 받을 때에 "주님이 우리에게 부끄러움의 은총을, 그 거룩한 부끄러움을 주시기를" 청하고, "'내가 이렇게 생각할 수 있는가? 나의 주님께서 십자가에 계신 것을 보면서, 나는 나를 들어 높이기 위해 주님을 이용하려 하는가?'라고 말할 은총"을 주시기를 기원했습니다. 또한, "우리에게 봉사의 길의 중요성을 깨달을 수 있도록 어린이와 같은 단순함을 지닐 수 있는 은총을 주시기를, 그리고 봉사의 삶을 마치면서 저는 무익한 종이라고 말할 수 있는 은총"을 주시기를 청했습니다.[7]

그들이 그곳을 떠나 갈릴래아를 가로질러 갔는데, 예수님께서는 누구에게도 알려지는 것을 원하지 않으셨다. 그분께서 "사람의 아들은 사람들의 손에 넘겨져 그들 손에 죽을 것이다. 그러나 그는 죽임을 당하였다가 사흘 만에 다시 살아날 것이다." 하시면서, 제자들을 가르치고 계셨기 때문이다. 그러나 제자들은 그 말씀을 알아듣지 못하였을 뿐만 아니라 그분께 묻는 것도 두려워하였다.

그들은 카파르나움에 이르렀다. 예수님께서는 집 안에 계실 때에 제자들에게, "너희는 길에서 무슨 일로 논쟁하였느냐?" 하고 물으셨다. 그러나 그들은 입을 열지 않았다. 누가 가장 큰 사람이냐 하는 문제로 길에서 논쟁하였기 때문이다. 예수님께서는 자리에 앉으셔서 열두 제자를 불러 말씀하셨다. "누구든지 첫째가 되려면, 모든 이의 꼴찌가 되고 모든 이의 종이 되어야 한다." 그리고 나서 어린이 하나를 데려다가 그들 가운데에 세우신 다음, 그를 껴안으시며 그들에게 이르셨다. "누구든지 이런 어린이 하나를 내 이름으로 받아들이면 나를 받아들이는 것이다. 그리고 나를 받아들이는 사람은 나를 받아들이는 것이 아니라 나를 보내신 분을 받아들이는 것이다."

요한이 예수님께 말하였다. "스승님, 어떤 사람이 스승님의 이름으로 마귀를 쫓아내는 것을 저희가 보았습니다. 그런데 그가 저희를 따르는 사람이 아니므로, 저희는 그가 그런 일을 못 하게 막아 보려고 하였습니다." 그러자 예수님께서 이르셨다. "막지 마라. 내 이름으로 기적을 일으키고 나서, 바로 나를 나쁘게 말할 수 있는 사람은 없다. 우리를 반대하지 않는 이는 우리를 지지하는 사람이다."

마르 9,30-40

예수님도 유혹을 받으셨습니다
The Devil Exists

　복음에서는 성령이 예수님을 광야로 내보내셨고 예수님은 그곳에서 "들짐승들과 함께 지내셨다."라고 이야기합니다(마르 1,13 참조). 마치 그곳에는 아무것도 없었던 것 같습니다. 이 말씀은 우리에게 태초에 있었던 일을 기억하게 합니다. 첫 남녀는 들짐승과 함께 살았고, 어떤 악도 없었습니다. 그들이 살던 낙원은 온전히 평화롭고 기쁨이 넘치는 곳이었습니다. 하지만 그들은 유혹을 받았고, 예수님도 유혹을 받으셨습니다.

　예수님은 세례를 받으신 후 공생활을 시작하시면서, 태초에 있었던 것과 유사한 무엇인가를 제시하려 하십니다. 마음의 풍요로운 고독과 유혹 안에서 이루어진 그분과 자연의 평화로운 친교는, 그분이 우리 가운데에서 무엇을 하러 오셨는지를 보여 줍니다. 그분은 다시 시작하게 하기 위하여, 다시 창조하기 위하여 오셨습니다. 우리는 미사 중에 "인간 본성을 기묘히 창조하시고 더욱 기묘히 변화시키신 하느님"이라는 아름다운 말로 기도를 올립니다.

예수님은 당신의 놀라운 소명과 순종으로 만물을 개혁하고 화해시키러 오셨고, 유혹이 있는 곳에도 조화를 가져오고자 하셨습니다.[8]

그때에 예수님께서는 성령의 인도로 광야에 나가시어, 악마에게 유혹을 받으셨다. 그분께서는 사십 일을 밤낮으로 단식하신 뒤라 시장하셨다. 그런데 유혹자가 그분께 다가와, "당신이 하느님의 아들이라면 이 돌들에게 빵이 되라고 해 보시오." 하고 말하였다. 예수님께서 대답하셨다. "성경에 기록되어 있다. '사람은 빵만으로 살지 않고 하느님의 입에서 나오는 모든 말씀으로 산다.'"

그러자 악마는 예수님을 데리고 거룩한 도성으로 가서 성전 꼭대기에 세운 다음, 그분께 말하였다. "당신이 하느님의 아들이라면 밑으로 몸을 던져 보시오. 성경에 이렇게 기록되어 있지 않소? '그분께서는 너를 위해 당신 천사들에게 명령하시리라.' '행여 네 발이 돌에 차일세라 그들이 손으로 너를 받쳐 주리라.'" 예수님께서는 그에게 이르셨다. "성경에 이렇게도 기록되어 있다. '주 너의 하느님을 시험하지 마라.'"

악마는 다시 그분을 매우 높은 산으로 데리고 가서, 세상의 모든 나라와 그 영광을 보여 주며, "당신이 땅에 엎드려 나에게 경배하면 저 모든 것을 당신에게 주겠소." 하고 말하였다. 그때에 예수님께서 그에게 말씀하셨다. "사탄아, 물러가라. 성경에 기록되어 있다. '주 너의 하느님께 경배하고 그분만을 섬겨라.'" 그러자 악마는 그분을 떠나가고, 천사들이 다가와 그분의 시중을 들었다.

마태 4,1-11

게으름의 영

The Devil Exists

우리는 자주 지치고 피곤함을 느낍니다. 게으름의 영과 나태의 영이 우리를 유혹합니다. 또 우리는 할 일이 얼마나 많은지, 그에 비해 우리의 수가 얼마나 적은지 봅니다. 우리는 사도들처럼 주님께 말씀드립니다. "저렇게 많은 사람에게 이것이 무슨 소용이 있겠습니까?"(요한 6,9) 저렇게 많은 약함을 치유하는 데 우리가 과연 무엇을 할 수 있겠습니까? 그런데 우리의 용기는 바로 여기에 근거합니다. 사랑을 하고 또 아버지에게서 사랑과 돌봄을 받음을 아는 사람의 겸손한 신뢰 안에서, 무상으로 선택되고 파견되었음을 아는 사람의 겸손한 신뢰 안에서 말입니다. 바오로 사도는 보물이 질그릇 속에 담겨 있다는 것을 체험했고(2코린 4,7 참조), 그 체험을 우리 모두에게 전합니다. 그는 자신과 다른 이들을 바라봅니다. 그는 질그릇을 바라보기를 두려워하지 않습니다. 그 안에 들어 있는 보물이 예수 그리스도에게서 비롯된 것이기에, 그분에게서 용기와 대담함과 사도적 열성을 받습니다.

우리는 편안한 강가에 앉아 머물러 쉬고자 하는 갈망을 종종 느끼지 않습니까? 하지만 주님은 노를 저어 더 깊은 물에 그물을 던지도록 우리를 부르십니다(루카 5,4 참조). 용기와 사도적 열성을 갖고 그분을 선포하도록, 그분을 위하여 우리의 삶을 바치도록 우리를 부르십니다.[9]

게으름은 본성에 따라 살지 않고 유혹에 고귀하게 맞서지 않을 때 일어나는 영혼의 약함이다. 고귀한 영혼에게 유혹은 활기찬 몸에 들어오는 음식과 같다. 북풍은 싹들을 길러 주고 유혹은 영혼의 굳셈을 확고하게 한다. 수분이 적은 구름이 바람에 흩어지듯이 항구함이 없는 정신은 게으름의 영에 의하여 흩어진다. 봄의 이슬은 밭의 결실을 풍요롭게 하고 영적인 말은 영혼을 더 굳세게 한다. 게으른 수도승은 자신의 거처를 떠나지만, 항구한 사람은 언제나 평온하게 그 자리에 머문다. 게으른 사람은 자신의 목적을 채우기 위해 병자들을 방문한다는 구실을 댄다. 게으른 수도승은 자신의 임무를 빨리 수행하고, 스스로 만족하는 것을 계명으로 여긴다. 약한 식물은 가벼운 미풍에도 꺾이고, 게으른 사람은 떠남을 상상하는 것만으로도 동요한다. 뿌리가 튼튼한 나무는 거센 바람에 흔들리지 않고, 게으름은 뿌리가 튼튼한 영혼을 꺾지 못한다.

 떠돌이 수도승은 고독한 마른 가지로, 평온하지 못하며 때때로 이리저리 흔들린다. 옮겨 심은 나무는 열매를 맺지 못하며, 떠돌아다니는 수도승은 덕의 열매를 맺지 못한다. 병자는 음식 하나로 만족하지 못하며, 게으른 수도승은 한 가지 일로 만족하지 못한다. 호색한은 한 사람으로 만족하지 못하며, 게으른 사람은 수도승의 방 하나로 만족하지 못한다.

에바그리우스 폰티쿠스, 《안티레티코스》, 13

주님께 기도하지 않는 사람은 악마에게 기도합니다

The Devil Exists

우리는 스스로가 원하는 대로 걸어갈 수 있고 많은 것을 건설할 수 있지만, 우리가 예수 그리스도를 고백하지 않는다면 문제가 있습니다. 그럴 때에 우리는 그리스도의 신부인 교회가 아니라 비정부 자선 기관이 되고 말 것입니다. 걸어가지 않는다면 멈추게 됩니다. 집을 바위 위에 짓지 않는다면, 무슨 일이 일어납니까? 모래밭에서 모래로 성을 쌓는 어린이의 경우와 같은 일이 일어납니다. 모두가 지탱하지 못하고 허물어집니다. 프랑스의 작가인 레옹 블루아의 말이 생각납니다. "주님께 기도하지 않는 사람은 악마에게 기도합니다." 예수 그리스도를 고백하지 않는다면 악마의 세속성을 고백하는 것입니다.

걸어감, 건설함, 고백함…… 그렇게 쉬운 일은 아닙니다. 걸어가는 데에는, 건설하는 데에는, 고백하는 데에는 때로는 흔들림이 있고 길에 속한 본래의 움직임이 아닌 다른 움직임이 있기 때문입니다. 그것은 우리를 뒤로 잡아끄는 움직임입니다.

이 복음은 특별한 상황으로 이어집니다. 예수님이 그리스도이시라고 고백했던 바로 그 베드로 사도가 그분께 말씀드립니다. "당신은 살아 계신 하느님의 아들 그리스도이십니다. 저는 당신을 따릅니다. 하지만 십자가에 대해서는 말하지 맙시다. 그것은 상관없는 일입니다. 저는 십자가 없이 다른 방법으로 당신을 따르겠습니다."(마태 16,15-23 참조) 그러나 우리가 십자가 없이 걸어갈 때, 십자가 없이 건설하고 십자가 없는 그리스도를 고백할 때, 우리는 주님의 제자들이 아닙니다. 우리는 세상 사람들이고, 주교이고 신부이고 추기경이고 교황이지만, 주님의 제자들은 아닙니다.[10]

나는 또 바다에서 짐승 하나가 올라오는 것을 보았습니다. 그 짐승은 뿔이 열이고 머리가 일곱이었으며, 열 개의 뿔에는 모두 작은 관을 쓰고 있었고 머리마다 하느님을 모독하는 이름들이 붙어 있었습니다. 내가 본 그 짐승은 표범 같았는데, 발은 곰의 발 같았고 입은 사자의 입 같았습니다. 용이 그 짐승에게 자기 권능과 왕좌와 큰 권한을 주었습니다. 그의 머리 가운데 하나가 상처를 입어 죽은 것 같았지만 그 치명적인 상처가 나았습니다. 그러자 온 땅이 놀라워하며 그 짐승을 따랐습니다. 용이 그 짐승에게 권한을 주었으므로 사람들은 용에게 경배하였습니다. 또 짐승에게도 경배하며, "누가 이 짐승과 같으랴? 누가 이 짐승과 싸울 수 있으랴?" 하고 말하였습니다.

그 짐승에게는 또 큰소리를 치고 하느님을 모독하는 말을 하는 입이 주어졌습니다. 그리고 마흔두 달 동안 활동할 권한이 주어졌습니다. 그래서 그 짐승은 입을 열어 하느님을 모독하였습니다. 그분의 이름과 그분의 거처와 하늘에 거처하는 이들을 모독하였습니다. 그 짐승에게는 또 성도들과 싸워 이기는 것이 허락되었고, 모든 종족과 백성과 언어와 민족을 다스리는 권한이 주어졌습니다. 세상 창조 이래 땅의 주민들 가운데에서, 살해된 어린양의 생명의 책에 이름이 기록되지 않은 자들은 모두 그에게 경배할 것입니다. 귀 있는 사람은 들으십시오. 사로잡혀 갈 사람은 사로잡혀 가고 칼로 죽을 사람은 칼로 죽을 것입니다. 여기에 성도들의 인내와 믿음이 필요한 까닭이 있습니다.

나는 또 땅에서 다른 짐승 하나가 올라오는 것을 보았습니다. 그 짐승은 어린양처럼 뿔이 둘이었는데 용처럼 말을 하였습니다. 그리고 첫째 짐승의 모든 권한을 첫째 짐승이 보는 앞에서 행사하여, 치명상이 나은 그 첫째 짐승에게 온 땅과 땅의 주민들이 경배하게 만들었습니다. 둘째 짐승은 또한 큰 표징들을 일으켰는데, 사람들이 보는 앞에서 불이 하늘에서 땅으로 내려오게도 하였습니다. 이렇게 첫째 짐승이 보는 앞에서 일으키도록 허락된 표징들을 가지고 땅의 주민들을 속였습니다. 그러면서 땅의 주민들에게, 칼을 맞고도 살아난 그 짐승의 상을 세우라고 말하였습니다. 둘째 짐승에게는 첫째 짐승의 상에 숨을 불어넣는 것이 허락되었습니다. 그리하여 그 짐승의 상이 말을 하기도 하고, 자기에게 경배하지 않는 사람은 누구나 죽임을 당하게 할 수도 있었습니다. 또 낮은 사람이나 높은 사람이나, 부자나 가난한 자나, 자유인이나 종이나 할 것 없이 모두 오른손이나 이마에 표를 받게 하였습니다. 그리하여 짐승의 이름이나 그 이름을 뜻하는 숫자로 표가 찍힌 사람 말고는 아무것도 사거나 팔지 못하게 하였습니다. 여기에 지혜가 필요한 까닭이 있습니다. 지각이 있는 사람은 그 짐승을 숫자로 풀이해 보십시오. 어떤 사람을 가리키는 숫자입니다. 그 숫자는 육백육십육입니다.

묵시 13,1-18

2

마귀와 대화하지 마십시오

어둠의 언어

The Devil Exists

희망, 저는 오늘 이것을 첫 번째로 느낍니다. 여기 있는 한 사람 한 사람에 대한 희망, 여러분에 대한 희망입니다. 여러분이 빛의 길을, 진리에 따라 행동하는 길을 가고 있다는 희망입니다. 그것은 진리의 길입니다. 그리고 진리는 언제나 싸워 왔습니다. 하지만 싸움에 휘말리기도 했습니다. 싸움에 휘말렸기 때문에 싸웠습니다. 진리는 어떤 사물이 아니라, 나의 마음이 나에게 계시된 것을 추종하는 것입니다. 나에게 명백하게 드러나는 것, 나의 삶에 의미를 주는 것을 추종하는 것입니다. 젊은이 여러분은 우리에게 희망을 줍니다. 여러분이 진리의 빛 안에서 걷고자 하기 때문입니다. 우리가 제1독서에서 읽은 바와 같이, 사도들은 진리를 위하여 박해를 받았지만 결코 진리를 흥정하지 않았습니다. 거짓은 어둠의 딸입니다. 그러나 진리와 거짓 사이에는 절반의 진리, 중간쯤 되는 진리들의 시장에서 내어놓는 여러 단계가 있습니다. 바로 "예-니요."입니다. "예." 할 것은 "예." 하고, "아니요." 할 것은 "아니요." 하는 것이 아니라 "예-니요."라고 하는 것입니다. 우리에게 적당하다고 생각되는 곳에, 우리에게 좋은 곳에 맞추는 것입니다. 그러나 이것은 어둠의 언어입니다.

하지만 어둠이 늘 캄캄한 것은 아닙니다. 젊은이 여러분, 이것을 알아 두십시오. 빛으로 변장한 어둠도 있습니다. 인디오들에게 색유리를 보석이라고 속여 팔았던 사람들이 있습니다. 제 할머니는 그것을 "조잡한 물건들"이라고 이야기했습니다. 오늘날에도 여러분에게 이것이 진리라고, 저것이 진리라고, 이것이 쉽다고, 저것이 너의 것이라고, 이것이 네 마음에 드는 것이라고 말하며 색유리를 파는 사람들이 많습니다. 하지만 진리의 길은 힘든 길임을 아십시오. 사도들은 박해를 받고 감옥에 갇혔습니다. 그 길은 힘듭니다.

여러분이 학기를 시작하는 이때, '고집스러운 희망'을 품고 여러분에게 하고자 하는 말은 이것입니다. 진리가 있는 곳에는 빛이 있습니다. 그러나 그 빛을 '섬광'과 혼동하지 마십시오. 진리가 있는 곳에는 서커스가 아니라 내면의 기쁨이 있습니다. 좀 웃기 위하여 서커스를 준비하는 것은 매우 쉽습니다. 하지만 그 후에는 찡그린 얼굴만이 남습니다. 진리를 수호하십시오. 진리를 찾으십시오. 힘든 길인 진리에 사로잡히십시오. 진리가 여러분의 삶에 의미를 부여하고, 여러분을 기쁨과 행복으로 가득 채워 줄 것입니다. 하지만 진리는 조잡한 물건이 아니고, 쉬운 길이 아님을 아십시오.[11]

"진리의 편에 서 본 적이 없다." 이에 관해서는, 두 유형의 진리가 있다는 것을 알아야 한다. 그것은 말의 진리와 행동의 진리다. 말의 진리는 마음 안에 생각하는 것, 실재에 상응하는 것을 입으로 말하는 것이다. …… 반면 정의의 진리 또는 행위의 진리는 자신의 본성의 질서에 따라 자신에게 해당되는 것을 행하는 것이다. …… 주님은 "그러나 진리를 실천하는 이는 빛으로 나아간다. 자기가 한 일이 하느님 안에서 이루어졌음을 드러내려는 것이다."라고 하실 때에 이를 말씀하신 것이다. 이 진리에 관련하여, 주님은 마귀에 관해 마귀가 정의의 "진리 편에 서 본 적이 없다."

라고 말씀하신다. 마귀가 하느님에게서 지복을 얻고 자신의 본성적 욕구를 충족시키도록 그분께 종속된 자신의 본성의 질서를 버렸기 때문이다. 그러므로 마귀는 자기 자신에게 의지하여 이를 추구하려 했기 때문에 진리에서 떨어져 나갔다.

토마스 아퀴나스 성인, 《요한 복음 주해》

악의 영은 우리가 지닌 사명에서 벗어나게 합니다

The Devil Exists

오늘의 복음에도 귀를 기울여 봅시다. 마르코 복음서에는 이렇게 나옵니다. "사실 베드로는 무슨 말을 해야 할지 몰랐던 것이다. 제자들이 모두 겁에 질려 있었기 때문이다."(마르 9,6) 겁에 질려 성령께 열려 있지 않은 베드로 사도 안에서, 평지에 내려가 누룩이 되라는 부르심을 포기하고 산 위에 편안히 머물려는 유혹이 일어납니다. 이것은 악의 영에게서 오는 치밀한 유혹입니다. 대단한 어떤 것이 아니라 오히려 마땅하게 보이는 것으로 베드로 사도를 유혹하면서, 하느님이 선택하신 사명에서 벗어나게 합니다. 시야가 좁아지고 편안하게 머물려는 유혹은 베드로 사도의 삶에서도 나타납니다. 안전하고 편안하게 잘 지내며, 영적인 것까지도 모두 자신이 제어

하려는 유혹은 우리 삶의 여정에도, 교리를 가르치는 우리의 직무의 여정에도 들어올 수 있습니다. 여기 우리의 천막에, 우리의 산에, 우리의 강가에, 우리 본당에, 우리 공동체에 눌러앉아 있으려 합니다. 이렇게도 아름답고 쾌적하니……. 이 모든 것은 흔히 신심이나 교회적인 소속감의 표지가 아니라 오히려 비겁함, 안일함, 빈약한 전망, 타성의 표지입니다. 그리고 보통 그 주된 원인은 하느님의 사랑하시는 아드님께 귀를 잘 기울이지 않은 데, 그분을 바라보지 않고 그분을 이해하지 않은 데 있습니다.[12]

어느 날 베네딕토 성인이 혼자 있었을 때에 유혹자가 나타났다. 그것은 작고 검은 지빠귀의 모습으로 나타났다. 그것은 그의 근처를 날아다니면서 계속해서 그의 얼굴에 날개를 부딪치며 귀찮게 했으므로 그가 하려고 했다면 손으로 붙잡을 수도 있었을 것이다. 그가 십자표를 긋자 새는 날아갔다. 하지만 지빠귀가 사라지자마자 이 거룩한 사람이 한 번도 겪은 적이 없을 만큼 강하고 부정한 유혹이 덮쳐 왔다. 예전에 그는 한 여인을 본 적이 있었는데, 지금에 와서 악령은 슬픈 기억으로 그의 환상을 어지럽

혔다. 악마는 그 화려한 아름다움으로 하느님의 종의 마음 안에 뜨거운 불길을 일으켰고, 그는 부정한 사랑의 불을 더 이상 억누를 수 없어 거의 굴복하여 동굴을 떠나려고 결심할 정도가 되었다. 그러나 한순간에 그는 하늘의 은총으로 빛을 받아, 갑자기 정신을 차렸다. 그는 그곳에 가시나무와 쐐기풀 덤불이 있는 것을 보고는, 옷을 벗고 맨몸으로 가시나무와 쐐기풀의 가시에 몸을 던졌다. 그 가운데에서 한참 뒹굴고 나서, 마침내 나왔을 때에는 온몸에 상처가 가득했다. 하지만 살갗이 찢어짐으로써 영혼의 상처를 마음에서 몰아냈고, 그 아픔으로 쾌락을 대체한 것이었다. 스스로에게 벌을 주어 생긴 그 외적인 고름이 내면에서 타오르던 불길을 껐으며, 그는 이렇게 불을 변화시킴으로써 죄의 간계를 극복했다.

대 그레고리오 성인 교황, 〈성 베네딕토 전기〉, 《대화집》 제2권, 2

어둠의 세력과 죽음의 문화

The Devil Exists

우리는 아버지가 창조 안에서, 그리고 예수 그리스도가 구속 안에서 우리에게 주시는 넘치는 생명이(콜로 2,12-14 참조) 마땅히 '죽음의 문화'라 불리는 것으로 대체되는 것을 봅니다. 또한 교회의 모습이 왜곡과 중상모략에 의하여 일그러지고 조작되며, 교회의 자녀들의 죄와 실패가 매체에 의하여 교회가 아무것도 좋은 것을 줄 수 없다는 증거로 제시되는 것을 봅니다. 성덕은 매체에서 기삿거리가 되지 않고, 스캔들과 죄는 기삿거리가 됩니다. 누가 이 모든 것에 대등하게 맞서 싸울 수 있겠습니까? 우리 중에 누군가가 순전히 인간적인 수단으로, 사울의 무기로(1사무 17,38-39 참조) 그렇게 맞설 수 있으리라고 상상할 수 있겠습니까?

조심하십시오. 우리의 싸움은 분명 인간적인 힘에 맞서는 것이 아니라 어둠의 세력에 맞서는 것입니다(에페 6,12 참조). 예수님께 그러했듯이(마태 4,1-11 참조) 사탄은 우리를 유혹하고, 방향을 잃게 만들고, '그럴듯한 대안'을 제공하려 할 것입니다. 우리는 순진함과 오만함으로 대처하는 사치를 부릴 수 없습니다. 우리가 모든 이와 대화를 해야 한다는 것은 맞지만, 유혹과 대화해서는 안 됩니다. 그 경우에 우리는 광야에서 주님이 하셨듯이 오직 하느님 말씀의 능력에 피신하고, 간구하는 기도에 의지할 수밖에 없습니다. 어린아이의 기도, 가난한 이와 단순한 이의 기도, 자신이 자녀임을 알고 아버지께 도움을 청하는 기도, 겸손하고 가진 것이 없는 가난한 이의 기도에 의지하는 것입니다. 바로 그런 이들에게 길이 계시됩니다(마태 11,25-26 참조). 지금은 계산과 승리와 수확의 때가 아니라고, 우리 문화에 원수가 주님의 밀밭에 가라지의 씨를 뿌려 놓았다고, 밀과 가라지가 함께 자라고 있다고 우리 자신에게 말하는 것이 좋을 것입니다. 지금은 여기에 체념할 때가 아니라, 몸을 굽히고 다윗의 돌팔매를 위하여 돌멩이 다섯 개를 주워 모아야 할 때입니다(1사무 17,40 참조). 기도할 때입니다.[13]

그리스도를 통한 구속 교리와 관련된 원죄 교리는 세상에서 인간의 상황과 행위를 분명히 식별할 수 있는 시각을 제공한다. 비록 인간이 자유롭다 해도 원조들의 죄로 악마는 인간에게 어떤 지배권을 행사하고 있다. 원죄는 "죽음의 지배력을 지닌 존재, 곧 '악마'의 권세에 예속하게 만들었다." 인간 본성이 손상되어 악으로 기울어진다는 사실을 무시하면 교육, 정치, 사회, 그리고 도덕 분야에서 중대한 오류를 범할 수 있다.

"온 세상은 악마의 지배 아래 놓여 있다."(1요한 5,19)는 비극적 상황에서 인간의 삶은 일종의 싸움이다. "암흑의 세력에 대한 힘든 투쟁은 인류의 역사 전체를 관통하고 있으며, 이 투쟁은 태초부터 시작되어 주님의 말씀대로 마지막 날까지 계속될 것이다. 이 투쟁에 뛰어든 인간은 선을 고수하기 위하여 끊임없이 싸워야 한다. 하느님의 도우시는 은총과 커다란 노력이 없으면 자기 자신 안에서 통일을 이룰 수 없다."

《가톨릭교회 교리서》, 407, 409항

거짓의 매력

The Devil Exists

"우리를 노리는 강력하고 위험한 바이러스가 있지만, 또한 우리를 매우 사랑하시고 우리를 보호하시는 아버지도 계십니다." 프란치스코 교황은 성녀 마르타의 집에서 집전한 미사 강론에서 위선자의 음흉한 유혹에 대해 중점적으로 말했습니다.

그 기준점은 그날 복음에서 제시된 단락이었습니다(루카 12,1-7). "예수님 주위에 많은 이들이 모여와 수많은 군중이 모여들어 서로 밟힐 지경이 되었습니다. 예수님은 사람들에게 말씀하시고 그들을 가르치시기 전에 늘 하시던 대로 그 자리에 있던 제자들에게 말씀하십니다. 많은 사람들 가운데에서 그들에게 아주 작은 것에 대해서, 누룩에 대해서 말씀하십니다."

"바리사이들의 누룩을 조심하여라."라는 예수님의 경고에 대해 교황은 그것이 "의사가 함께 일하는 이들에게, 보조하는 이들에게 이 사람들이 바이러스에 감염되지 않도록 주의하라고 말하는 것"과 같다고 말했습니다. "바리사이들의 누룩은 위선입니다. 그것은 예수님이 그들에게 언제나 드러내 놓고 말씀하셨던 것입니다. '위선자들, 위선자들. 너희는 위선자들이다!'"

그런데 예수님이 수많은 군중 가운데에서 말씀하시는 그 바이러스는 무엇일까요? 교황은 이렇게 설명했습니다. "위선은 분명하지 않게 살고 행동하고 말하는 것이고, 이는 모호한 방식으로 나타납니다. 웃는 것 같기도 하고, 심각한 것 같기도 하고, 빛도 아니고, 어둠도 아닌 것입니다. 이것은 뱀과 비슷합니다. 그것은 아무도 위협하지 않는 것처럼 움직이고 불분명한 매력을 지닙니다. 다시 말하면, 위선에는 분명하게 말하지 않는 매력이 있습니다. 거짓의 매력, 겉모양의 매력이 있습니다." 예수님도 복음서에서 위선자 바리사이들의 행동을 언급하십니다. "그들은 자기 자신과 허영으로 가득하며 스스로 중요한 인물임을 보여 주기 위해 거리를 돌아다니기를 좋아합니다."

예수님은 그들을 경계하시며 모두에게 말씀하십니다. "놀라지 마라, 두려워하지 마라. 다만 이 사람들의 누룩을 조심하여라. 숨겨진 것은 드러나기 마련이고 감추어진 것은 알려지기 마련이다. 그러므로 너희가 어두운 데에서 한 말을 사람들이 모두 밝은 데에서 들을 것이다. 너희가 골방에서 귀에 대고 속삭인 말은 지붕 위에서 선포될 것이다."(루카 12,1-3 참조) 이 말은 마치 "결국에는 모든 것이 분명해질 것이니 숨는 것은 소용이 없다."라는 말씀과 같습니다. 이에 관해 교황은 이렇게 설명했습니다. "이렇게 말씀하신 것은 바리사이들의 누룩이 사람들로 하여금 빛보다 어둠을 좋아하게 만들었기 때문입니다. 요한 사도도 '사람들은 빛보다 어둠을 더 사랑하였다.'(요한 3,19)라는 말로 이를 강조합니다."

여기서 교황은 이렇게 덧붙였습니다. "예수님은 하느님께 대한 신뢰로 주의를 돌립니다. 그분은 '조심하여라! 이 누룩은 너희를 어둠으로 이끌어 간다. 조심하여라!'라고 말씀하십니다. 실제로 이 누룩이 사람을 병들게 하는 바이러스고 사람을 죽게 만드는 것이라면, 더 크신 분이 계시다는 것도 사실입니다. 그분은 하늘에 계신 아버지이십니다. 우리를 돌보시는 아버지의 현존을 설명하기 위하여 예수님은 이렇게 말씀하십니다. '참새 다섯 마리가 두 닢에 팔리지 않느냐? 그러나 그 가운데 한 마리도 하느님께서 잊지 않으신다. 더구나 하느님께서는 너희의 머리카락까지 다 세어 두셨다.'(루카 12,6-7) 여기에서 마지막 권고가 나옵니다. '두려워하지 마라. 너희는 수많은 참새보다 더 귀하다.'(루카 12,7)"

교황은 바로 이 점을 깊이 다루었습니다. "바이러스가, 바리사이적인 위선의 누룩이 불어넣는 이 모든 두려움 앞에서 우리는 예수님의 말씀에서 위로를 얻어야 합니다. 예수님은 '아버지가 계시다. 너희를 사랑하시는 아버지가 계시다. 너희를 돌보시는 아버지가 계시다.'라고 말씀하십니다. 불분명함의 유혹, 뱀의 유혹 앞에서 예수님은 우리에게 다짐하십니다. '안심하여라. 아버지는 너희를 사랑하시고 너희를 보호하신다. 그분을 신뢰하여라. 이런 것들을 두려워하지 마라.' 예수님은 그 많은 사람들 가운데에서 가장 작은 것에서 출발하여 가장 큰 것에, 모든 이들을 돌보시는 아버지에 도달하십니다. 아버지는 가장 작은 이들도 돌보십니다. 그들이 병들지 않도록, 이 병에 전염되지 않도록 돌보십시오." 그리고 이렇게 강조했습니다. "예수님이 우리에게 이 말씀을 하실 때에는, 우리에게 기도하라고 초대하시는 것입니다. 예수님은 우리가 빛도 아니고 어둠도 아닌 그 바리사이적인 태도에 떨어지지 않도록 우리에게 기도하라고 권고하십니다. 그러한 태도는 언제나 어중간하며 결코 하느님의 빛에 도달하지 못할 것입니다."

교황은 "열심히 기도합시다."라고 하며 이렇게 끝맺었습니다. "주님께 이렇게 기도해야 합니다. '당신 교회를, 우리 모두를 지켜 주십시오. 당신 백성을, 모여들어 서로 밟힐 지경이 되었던 그 백성을 지켜 주십시오. 당신 백성을 지켜 주십시오. 당신께서 빛을, 아버지로부터 오는 빛을, 당신의 아버지로부터 오는 빛을 사랑하시기 때문입니다.' 우리는 하느님께 당신 백성이 위선자가 되지 않도록, 미지근한 삶에 떨어지지 않도록 청해야 하고 우리를 극진히 사랑하시는 아버지가 계심을 아는 기쁨을 누리도록 지켜 주시기를 청해야 합니다."[14]

그는 처음부터 살인자였다. "너희는 너희 아비의 욕망대로 하기를 원한다. 너희는 너희에게 진리를 말하는 사람인 나를 죽이려고 한다." 이 말은 무슨 뜻인가? 악마가 인간을 질투하여 인간을 죽였다. 악마는 뱀의 모습으로 여자에게 다가갔고 그 여자를 통하여 남자도 죽였다. 그들은 악마의 말을 들었기 때문에 죽었다(창세 3장 참조). 그들이 주님께 귀를 기울였더라면 악마의 말을 듣지 않았을 것이다. 인간은 자신을 창조하신 분과 타락한 천사 사이에서, 사기꾼이 아니라 창조주께 순종해야 했다. 그러므로 "그는 처음부터 살인자였다."(요한 8,44 참조) 어떤 의미에서 그가 살인자인지를 살펴보라. 악마가 살인자라고 일컬어지는 것은 칼로 무장하고 철로 된 갑옷을 입고 나타났기 때문이 아니라, 인간 안에 사악한 말의 씨를 뿌렸고 그로써 인간을 죽였기 때문이다. …… 그러므로 "그는 처음부터 살인자였다." 그는 어떤 동기에서 살인을 했던 것인가? "그는 진리 편에 서 본 적이 없다." 그는 진리 안에 있었지만 그 자리에서 지탱하지 못하고 넘어졌다. 그는 왜 진리 안에 머물지 못했는가? "그 안에 진리가 없기 때문이다." 진리는 그 안에 있지 않았고, 진리 자체이신 그리스도 안에 있었다. 만일 그가 진리 안에 머물러 있었더라면 그리스도 안에 머물렀을 것이다. 그러나 "그는 진리 편에 서 본 적이 없다. 그 안에 진리가 없기 때문이다."

"그가 거짓을 말할 때에는 본성에서 그렇게 말하는 것이다. 그가 거짓말쟁이며 거짓의 아비기 때문이다." …… 그러므로 거짓말을 하는 사람이 모두 거짓의 아비인 것은 아니다. 네가 다른 사람에게서 거짓말을 듣고 그것을 말한다면, 거짓을 말했다는 점에서는 거짓말쟁이지만 그 거짓의 아비는 아니다. 그것을 다른 사람에게서 받은 것이기 때문이다. 반면 악마는 그 스스로 거짓말쟁이다. 그 자신이 자신의 거짓을 낳았고, 다른 이들에게서 받은 것이 아니다. 그러므로 성부께서 진리이신 성자를 낳으신 것과 같이 악마는 타락한 후에 마치 그 딸을 낳듯이 거짓을 낳은 것이다.

아우구스티노 성인, 《요한 복음 주해》, XLII,11-13

유혹의 세 단계

The Devil Exists

오늘 제1독서로 나온 요한 묵시록은 강한 말로 시작됩니다. "그때에 하늘에서 전쟁이 벌어졌습니다."(묵시 12,7) 이어서 그 전쟁이 어떠했는지 말합니다. 그것은 최후의 전쟁, 마지막 전쟁, 종말의 전쟁입니다. 성 미카엘 대천사의 휘하에 있는 하느님의 천사들이 사탄에게, 옛 뱀에게, 악마에게 맞서 싸우는 전쟁입니다. 이것은 마지막 전쟁이고 여기에서 모든 것이 끝납니다. 그 후에는 주님이 당신께 충실했던 당신의 모든 자녀와 함께 누리시는 영원한 평화만이 남습니다. 하지만 역사 전체에서 이 전쟁은 매일매일 일어납니다. 사람들의 마음속에서, 그리스도인들과 비그리스도인들의 마음속에서 일어납니다. 우리가 선과 악 가운데 어떤 것을 원하는지 선택해야 할 때, 선과 악 사이의 전쟁이 있습니다. 그러나 이 두 원수들 사이의 전쟁 방법은 서로 완전히 반대됩니다.

본기도에서 우리는 이러한 악마의 '간계'에 맞서 성 미카엘 대천사의 보호를 받을 은총을 청합니다. 악마는 간계를 뿌립니다. 그의 손에서 생명의 씨, 일치의 씨가 떨어지는 법은 없습니다. 언제나 간계의 씨만을 뿌립니다. 간계의 씨를 뿌리는 것, 이것이 그의 방법입니다. 주님이 우리를 여기에서 지켜 주시기를 기도합시다.

또 한 가지 방법, 전쟁을 하는 다른 방법을 우리는 들었습니다. 유혹하는 악마는 간계의 씨를 뿌리는 자이며 유혹자입니다. 그는 악마적인 매력으로 우리를 유혹합니다. 여러분이 모든 것을 믿게 만듭니다. 그는 이러한 매력을 사용하여 어떤 것을 팔 줄을 알고, 잘 팝니다. 하지만 마지막에는 잘 갚지 않습니다! 그것이 그의 방법입니다. 복음에서 처음 악마가 등장하는 때를 생각해 봅시다. 예수님은 40일 동안 광야에서 단식하며 기도하시고, 마지막에는 좀 지치고 시장하셨습니다. 그때에 그가 옵니다. 뱀처럼 천천히 움직이며, 예수님께 세 가지 제안을 합니다. "당신이 하느님이라면, 하느님의 아들이라면, 여기 돌들이 있고 당신은 배가 고프니 이 돌들이 빵이 되도록 해 보시오.", "당신이 하느님의 아들이라면, 그렇게 고생할 것이 무엇이오? 나와 함께 성전 꼭대기에 올라가 밑으로 몸을 던져 보시오. 그러면 사람들이 이 기적을 볼 것이고, 당신은 고생하지 않고도 하느님의 아들로 인정받을 것이오." 악마는 그분을 유혹하려 했지만, 성공하지 못했기에 마지막으로 말합니다. "분명하게 말해 봅시다. 내가 당신에게 세상의 모든 권력을 주겠소. 나를 경배하시오. 거래를 합시다."

이것이 옛 뱀, 곧 악마의 세 단계입니다. 그 첫째는 소유입니다. 이 경우에는 빵으로 나타납니다. 재물은 사람을 서서히 부패하게 만듭니다. 부패는 동화 속 이야기가 아닙니다. 어디에나 있을 수 있는 일입니다. 사람들은 두 푼에 영혼을 팔고, 행복을 팔고, 삶을 팔고, 모든 것을 팝니다. 이처럼 돈과 재물이 첫 번째 단계입니다. 그다음으로는, 돈을 가지고 있으면 자신이 중요한 사람이라고 느낍니다. 두 번째 단계는 허영입니다. 악마가 예수님께 "성전 꼭대기로 가서 몸을 던지시오. 대단한 광경을 만들어 보시오!"라고 했던 것이 이것입니다. 사람들이 허영을 위해 살도록 악마가 이끄는 것입니다. 셋째 단계는 권력, 자랑, 교만입니다. 악마는 "세상의 모든 권력을 주겠소. 당신이 지배자가 될 것이오."라고 말합니다.

이것은 우리에게도 일어납니다. 작은 일에서 언제나 일어납니다. 우리는 재물에 너무 집착합니다. 그리고 공작새처럼 사람들이 칭찬하는 것을 좋아합니다. 많은 사람들이, 정말로 많은 사람들이 스스로 웃음거리가 됩니다. 허영심은 우리를 웃음거리로 만듭니다. 마지막에는, 권력을 갖게 되면 스스로 하느님인 것처럼 느낍니다. 이것이 가장 큰 죄입니다.

이것이 우리의 싸움입니다. 그래서 오늘 우리는 주님께 성 미카엘 대천사의 전구로 악마라고 불리는 옛 뱀의 간계에서, 매력에서, 유혹에서 우리를 지켜 주시기를 청합니다.

여러분은 어려운 일을 하고 있습니다. 거기에는 언제나 대립이 있습니다. 여러분은 질서를 유지해야 하고 범죄나 악행을 막아야 하는 경우가 많습니다. 성 미카엘 대천사의 전구로 주님이 여러분을 모든 유혹에서 지켜 주시기를 열심히 기도하십시오. 돈이나 재물, 허영이나 교만으로 부패할 유혹에서 지켜 주시기를 기도하십시오. 여러분의 봉사가 예수님처럼 더 겸손할수록 우리 모두가 더 유익하고 풍요로운 결실을 얻을 수 있습니다.

  마지막으로 이 점을 강조하고 싶습니다. 우리는 예수님의 겸손을 어떻게 생각합니까? 예수님의 유혹 이야기에는, 예수님 당신의 말씀이 하나도 없습니다. 예수님은 당신 자신의 말씀으로 대답하지 않으시고, 세 번 모두 성경의 말씀으로 대답하십니다. 이것은 악마와는 대화할 수 없다는 것을 우리에게 가르쳐 줍니다. 유혹이 다가올 때 이것은 매우 큰 도움이 됩니다. "나는 너와 말하지 않는다. 주님의 말씀만을 말한다."라는 것입니다.

  매일의 이 싸움에서 주님이 우리를 도와주시기를 바랍니다. 이것은 우리를 위한 것이 아니라, 봉사를 위한 싸움입니다. 여러분은 봉사하는 사람들이기 때문입니다. 여러분은 사회를 위하여, 다른 이들을 위하여, 세상에서 선이 더 커지도록 하기 위하여 봉사하는 사람들입니다.[15]

  여기에 세 가지의 열망이 있다. 인간의 모든 욕심은 육신의 욕구에 의해서, 눈의 탐욕에 의해서, 그리고 현세적인 야심에 의해서 움직인다. 주님이 친히 이 세 가지 탐욕에 대해 악마에게 유혹을 받으셨다. …… 눈의 탐욕에서도 유혹을 받으시어, 기적을 행하라는 요구를 받으셨다. 유혹자는 그분께 말했다. "밑으로 몸을 던져 보시오. 성경에 이렇게 기록되어 있지 않소? '그분께서는 너를 위해 당신 천사들에게 명령하시리라.' '행여 네 발이 돌에 차일세라 그들이 손으로 너를 받쳐 주리라.'"(마태 4,6; 시편 91,11-12 참조) 그러나 그리스도는 유혹자에게 저항하셨다. 그 기적을 행하셨더라면, 유혹에 떨어지셨거나 호기심에 이끌리신 것으로 보였을 것이다. 그러나 그분이 하느님으로서 행하기를 원하셨을 때에는, 병자들을 치유하기 위해서는 기적을 행하셨다. 만일 예수님이 유혹을 받으신 그때에 기적을 일으키셨더라면, 다만 놀라운 일을 하기 위한 목적으로 기적을 일으켰다고 생각할 수 있었을 것이다. 그러나 사람들이 그렇게 생각하지 않도록, 악마에게 하신 대답을 잘 새겨들어라. 그리고 그대에게 같은 유혹이 공격해 올 때 같은 말들을 되풀이할 수 있게 하여라. 그분은 이렇게 대답하셨다. "사탄아, 물러가라. 성경에 이렇게도 기록되어 있다. '주 너의 하느님을 시험하지 마라.'"(마태 4,7.10 참조) 이는 마치 내가 그렇게 한다면 주님을 시험하는 것이라고 말씀하시는 것과 같다. 예수님은 그대도 되풀이해야 하는 말을 그대에게 알려 주셨다. 원수가 그대에게 "너는 어떤 인간이냐? 너는 어떤 그리스도인이냐? 어떤 기적을 했느냐? 네 기도의 힘으로 어떤 죽은 이들을 살아나게 했느냐? 열병 환자에게 어떻게 건강을 되찾게 했느냐? 네가 훌륭한 그리스도인이라면 너는 기적도 할 수 있을 것이다."라고 말한다면, "성경에 이렇게 기록되어 있다. '주 너의 하느님을 시험하지 마라.'"(신명 6,16 참조)라고 대답해야 할 것이다. 이는 내가 기적을 행할 때에만 하느님께 속하고, 기적을 행하지 않는다면 하느님께 속하지 않는다는 듯이 하느님을 시험하지 않겠다는 뜻이다. …… 이 말을 기억하고 실천한다면, 그대 안에 세상의 탐욕이 없을 것이다. 육신의 욕구도 눈의 탐욕도 야심의 열망도 그대를 지배하지 않을 것이다.

아우구스티노 성인, 《요한1서 주해》, II,14

내부의 적

The Devil Exists

영혼이 눈이 멀면 우리는 자유롭지 못합니다. 오늘 복음에서 자유를 갈망했던 많은 이들은 관용 없이 돌을 던짐으로써 그들을 침략한 제국과 똑같은 잔인함을 보였습니다(요한 8,1-11). 그들은 외부의 원수에게서 해방되기를 원하면서 내부의 원수는 받아들이지 않았습니다. 우리는 폭군과 살인자의 증오와 폭력을 본받는 것이 그들의 후계자가 되는 가장 좋은 방법임을 알고 있습니다. 그래서 예수님이 이사야 예언자를 따라 예속과 억압에서의 해방을 제시하실 때 우리는 어떤 예속에서, 어떤 억압에서 해방되는 것인가를 질문할 수 있습니다. 그리고 이렇게 대답합니다.

첫째로는 우리 자신의 예속과 억압에서 해방되는 것입니

다. 우리의 방향 상실과 미성숙에서 해방됨으로써, 외부의 억압에서 해방을 요구할 수 있는 것입니다. 사슬이 쇠로 된 것이라면, 외부 군대들의 존재가 명백히 보인다면, 해방의 필요성 역시 그러할 것입니다. 그러나 예속이 우리 내부의 피 흘리는 상처와 싸움에서, 강박적인 야심에서, 제도를 뒤흔드는 권력의 타협에서 나온다면, 우리는 바로 우리 자신의 포로인 것입니다. 그러한 예속은 배척으로 표현됩니다. 불의한 구조를 통하여 이루어지는 배척만이 아니라 우리 스스로가 견고하게 만드는 배척, 무관심과 불관용과 과격한 개인주의, 편을 가르는 태도를 통하여 이루어지는 배척 말입니다. 우리는 정체성을 배척하고 가면의 포로로 머무릅니다. 정체성을 배척하고 소속을 거부합니다. 자신을 어느 집단과 동일시한다는 것은 그 집단에 소속됨을 의미하기 때문입니다. 어떤 한 백성에 속하는 것만이 역사의 깊은 메시지를 이해하고 자신의 정체성의 핵심을 파악하기 위한 기초가 됩니다. 다른 외적인 조치는 사슬의 고리 하나에 불과합니다. 주인이 바뀐다 해도, 신분은 그대로 남습니다.[16]

1911년 6월 2일. 우리의 공통된 적은 나와 전쟁을 하려 하고, 지금까지 물러서거나 항복하려는 표지를 전혀 보이지 않았습니다. 그는 어떤 대가를 치르고라도 나를 멸망시키려 합니다. 나의 정신 앞에 내 삶의 고통스러운 장면을 떠오르게 하고, 절망적인 생각을 계속 불어넣으려 합니다.

피에트렐치나의 비오 성인, 《서간집》, 제1권, p.224

1917년 7월 16일. 신앙을 거스르는 거센 유혹의 공격을 받는 순간들이 있습니다. …… 여기에서부터 좌절, 무관심, 절망, 심지어 신성 모독과 같은 온갖 생각이 생겨납니다.

피에트렐치나의 비오 성인, 《서간집》, 제1권, p.910

거짓의 아비는 어둠으로 이끕니다

The Devil Exists

　프란치스코 교황은 요한의 첫째 서간의 첫 단어가 매우 의미 깊다고 지적했습니다. "'나의 자녀 여러분'이라는 표현에는 인생을 사는 동안 쌓은 자신의 유산에 관해 말하는 할아버지의 지혜가 들어 있습니다. 그의 권고는 어떤 것입니까? '거짓말쟁이가 되지 마라! 하느님이 거짓말쟁이시라고 말하거나 그렇게 생각지 마라.'라는 것입니다. 하지만 그는 그러한 권고를 어떻게 말합니까? 빛과 어둠, 죄와 은총 같이 서로 반대되는 말들을 통해서 말합니다."

　교황은 "우리가 빛이신 하느님과 친교를 이루고 있다고 말하면서 어둠 속을 걸어간다면, 우리는 거짓말쟁이"임이 분명하다고 단언했습니다. "그래서 요한 사도는 단순하게 빛 안에 머물라고, 복음의 진리에 자신을 열어 놓으라고 말합니다. '어두운 길로, 분명치 않은 길로 가지 마라. 그곳에는 진리가 없고, 다른 어떤 것이 숨겨져 있기 때문이다. 거짓말쟁이가 되지 마라!'

한마디로, 언제나 빛을 향해야 한다고 말할 수 있습니다. 그러므로 주님과 친교를 이루고 있다고 말한다면, 빛 속에서 걸어가십시오. 이중생활은 안 됩니다. 절대로 안 됩니다! 말과 행동이 일치하지 않는 것, 우리는 그러한 거짓을 보는 데에 너무나 익숙해졌고, 우리도 그런 거짓에 빠지곤 합니다. 그러한 거짓에 대해서는 단호한 거부가 필요합니다. 이것은 언제나 겪게 되는 유혹입니다. 하지만 우리는 거짓이 어디에서 오는지를 압니다. 성경에서 예수님은 악마를 '거짓의 아비'라고, 거짓말쟁이라고 부르십니다.

바로 그러한 이유에서, 이 할아버지가 아주 부드럽고 온유하게, '어린 교회'에 말합니다. '거짓말쟁이가 되지 마라! 너는 하느님과 친교를 이루고 있으니, 빛 속에서 걸어가라. 빛의 일을 해라. 말과 다른 행동을 하지 마라. 이중적인 생활을 하지 마라.' 요한 사도의 충고는 단순하지만, 우리가 우리 스스로에 관해 생각하게 하기 때문에 우리에게 도움을 줍니다." 그러면서 교황은 우리가 양심을 성찰하도록 몇 가지 직접적인 질문을 제시했습니다. "나는 빛 속에서 걸어가는가? 언제나 하느님의 빛 아래 있는가? 나는 투명한가, 아니면 때로는 어둡고 때로는 밝은가?"

교황은 경고했습니다. "만일 우리에게 죄가 없다고 말한다면, 우리는 자신을 속이는 것입니다. 우리 모두는 죄인이기 때문입니다. 우리 모두에게는 죄가 있습니다. 그래서 만일 우리가 죄를 짓지 않았다고 말한다면, 우리는 그분을 거짓말쟁이로 만드는 것이고 우리 안에 그분의 말씀이 없는 것입니다. 우리가 모두 죄인이기 때문입니다.

요한 사도는 그의 서간에서 분명하게 설명합니다. '나의 자녀 여러분, 두려워하지 마십시오. 내가 여러분에게 이 글을 쓰는 까닭은 여러분이 죄를 짓지 않게 하려는 것입니다. 그러나 누가 죄를 짓더라도 용기를 잃지 마십시오. 하느님 앞에서 우리를 변호해 주시는 분, 위로자, 말씀, 변호자가 계십니다. 곧 의로우신 예수 그리스도이십니다. 그분이 우리를 의롭게 하시고, 그분이 우리에게 은총을 주십니다.'"

요한 사도의 권고에 귀를 기울이면서, 교황은 말했습니다. "이 할아버지에게, '하지만 죄가 있다는 것은 아주 나쁜 것이 아니라는 말입니까?'라고 묻고 싶을 것입니다. 아닙니다. 죄는 나쁜 것입니다. 그러나 우리에게 죄가 있다면, 우리를 용서하기 위해 기다리고 계신 분을 보십시오! 언제나 그렇습니다! 주님은 우리 죄보다 크신 분이시기 때문입니다. 이것이 그리스도인의 삶입니다. 이것이 이 할아버지가 손자들에게, 이미 예수님을 경험한 1세기의 교회에 하는 권고입니다. '언제나 빛에 머물러라, 거짓 없이, 숨김 없이, 위선 없이. 이것이 빛의 길이다.'"[17]

나의 자녀 여러분, 내가 여러분에게 이 글을 쓰는 까닭은 여러분이 죄를 짓지 않게 하려는 것입니다. 그러나 누가 죄를 짓더라도 하느님 앞에서 우리를 변호해 주시는 분이 계십니다. 곧 의로우신 예수 그리스도이십니다. 그분은 우리 죄를 위한 속죄 제물이십니다. 우리 죄만이 아니라 온 세상의 죄를 위한 속죄 제물이십니다.

우리가 하느님의 계명을 지키면, 그것으로 우리가 그분을 알고 있음을 알게 됩니다. "나는 그분을 안다." 하면서 그분의 계명을 지키지 않는 자는 거짓말쟁이고, 그에게는 진리가 없습니다. 그러나 누구든지 그분의 말씀을 지키면, 그 사람 안에서는 참으로 하느님 사랑이 완성됩니다. 그것으로 우리가 그분 안에 있음을 알게 됩니다. 그분 안에 머무른다고 말하는 사람은 자기도 그리스도께서 살아가신 것처럼 그렇게 살아가야 합니다.

빛 속에 있다고 말하면서 자기 형제를 미워하는 사람은 아직도 어둠 속에 있는 자입니다. 자기 형제를 사랑하는 사람은 빛 속에 머무르고, 그에게는 걸림돌이 없습니다. 그러나 자기 형제를 미워하는 자는 어둠 속에 있습니다. 그는 어둠 속에서 살아가면서 자기가 어디로 가는지 모릅니다. 어둠이 그의 눈을 멀게 하였기 때문입니다. 자녀 여러분, 내가 여러분에게 이 글을 쓰는 까닭은 여러분이 그분의 이름 덕분에 죄를 용서받았기 때문입니다.

여러분은 세상도 또 세상 안에 있는 것들도 사랑하지 마십시오. 누가 세상을 사랑하면, 그 사람 안에는 아버지 사랑이 없습니다. 세상에 있는 모든 것, 곧 육의 욕망과 눈의 욕망과 살림살이에 대한 자만은 아버지에게서 온 것이 아니라 세상에서 온 것입니다. 세상은 지나가고 세상의 욕망도 지나갑니다. 그러나 하느님의 뜻을 실천하는 사람은 영원히 남습니다.

1요한 2,1-6.9-12.15-17

우상은 죽음을 가져옵니다

The Devil Exists

"주 너의 하느님께 경배하고 그분만을 섬겨라."(루카 4,8)

오늘날에는 과거 어느 때보다도 경배가 필요합니다! 경배하는 것은 엎드리는 것, 겸손하게 하느님의 무한한 위대하심을 인정하는 것입니다. 참된 겸손만이 참된 위대함을 알아볼 수 있고, 위대한 척하는 비열함을 폭로할 수 있습니다. 우리 시대의 큰 악 가운데 하나는, 신적인 것을 제쳐 두고 인간적인 것을 경배하게 하는 악입니다. "주 너의 하느님께 경배하여라."는 공허와 무를 내놓는 수많은 유혹에 맞서는 큰 도전입니다. 현재의 중대한 도전은, 사이렌처럼 유혹의 노래를 부르는 현대의 우상을 섬기지 않는 것입니다. 경배할 것이 아닌 것을 경배하지 않는 것은 우리 시대에 큰 표징이 됩니다. 우상들은 죽음을 가져오며, 흠숭할 만한 것이 아닙니다. 생명의 하느님만이 경배와 영광을 받으시기에 마땅하십니다.[18]

그리스도께서 재림하시기 전에 교회는 많은 신자들의 신앙을 흔들어 놓게 될 마지막 시련을 겪어야 한다. 교회의 지상 순례에 따르는 이 박해는, 진리를 저버리는 대가로 인간의 문제를 외견상 해결해 주는 종교적 사기의 형태로 '죄악의 신비'를 드러내게 될 것이다. 최고의 종교적 사기는 거짓 그리스도, 곧 가짜 메시아의 사기이다. 이로써 인간은 하느님과 육신을 지니고 오신 하느님의 메시아 대신에 자기 자신에게 영광을 돌리는 것이다.

거짓 그리스도의 이 사기는, 역사를 넘어 종말의 심판을 통해서만 비로소 완성될 수 있는 메시아에 대한 희망을 역사 안에서 이룬다고 주장할 때마다 이미 이 세상에 그 모습을 드러낸다. 교회는 장차의 메시아 나라를 왜곡한 이른바 '천년 왕국설'과 그 완화된 형태까지도 배격했으며, 특히 "본질적으로 사악한" 세속화된 메시아 신앙의 정치적 형태를 배격했다.

《가톨릭교회 교리서》, 675-676항

마귀와 대화하지 마십시오

The Devil Exists

일상적인 모든 것에서 가르침을 이끌어 내고 또한 훌륭한 비유를 만드신 주님의 통찰과 직관은 잠시 덮어 두고, 주님의 기름부으심이 그분의 적들의 오류와 간계를 물리치는 데에서 어떻게 나타났는가를 바라봅시다. 주님은 결코 경솔하게 말씀하지 않으셨습니다. 하지만 실망을 드러내거나 날카롭게 지적하기 위하여 풍자를 할 줄 아셨고 그렇게 할 이유도 있으셨습니다. 그분이 마귀와 대화를 하지 않으신 것(사실 마귀와는 대화를 하지 말아야 합니다.), 율법 학자와 바리사이 사람들 앞에서 입을 열지 않으신 것, 힘 있는 이들 앞에서 침묵하신 것, 그들에게 영향을 받아 당신을 거칠게 다루었던 약한 이들에게 당신을 드러내지 않으신 것은, 기름부으심을 받으신 분의 행동 방식을 보여 줍니다. 그리고 우리는 거기에 동참하도록 초대받았습니다. 자신을 다스리는 것의 모든 소위 '부정적' 측면은 그분이 겸손한 이들의 마음속에 씨 뿌리시던 좋은 말씀과 어울립니다. 우리가 따르는 기름부음받으신 분은 신자들에게 광폭하게 강요하시거나 신자들을 마구 다루지 않으십니다. 말씀이신 그분은 선한 의지를 가진 이들의 내면에 온유하게 스며들고, 원수가 어떤 말도 악하게 사용하지 못하도록 마음에 갑옷을 입히십니다.

지금 우리에게는 과거의 어느 때보다도 이와 같은 말씀의 기름부음의 은총이 필요합니다. 우리는 주님 또는 교회의 말씀에 순종함으로써 자유를 잃을까 봐 두려워하는 일이 없도록, 진리를 내면화하는 기름부음받은 말을 들어야 합니다. 우리를 내면에서부터 가르쳐 주는 기름부음받은 말이 필요합니다. 또한 입안에 나쁜 맛을 남기고 마음을 언짢게 하는 어떤 나쁜 말에도 우리를 기뻐하게 하는 기름부음받은 말이 필요합니다. 그리스도인 백성은 우리가 그들의 마음을 건드리고 주님의 말씀이 엠마오로 가던 제자들의 마음을 불타오르게 했던 것처럼 그들의 마음을 불타오르게 하는 그런 말들을 설교하는 것을 필요로 합니다. 나쁜 말, 수많은 불평과 야비한 말, 수많은 거짓과 사심이 담긴 말이 그들의 마음속으로 뚫고 들어가지 않도록 그들의 마음을 방어할 기름부음받은 말이 필요합니다. 오늘날에는 언제나 어디에나 나쁜 말이 너무 많아서, 기름부음을 자주 훼손하고 잃어버리게 합니다.[19]

우리에게는 무섭고 능력이 많은 원수가 있다. 그것은 마귀들이다. 우리의 싸움은 그들에게 맞서는 것이다. …… 그들의 본성과 다양성에 대해 많은 말을 할 수 있겠지만, 그러한 담론은 우리보다 훌륭한 다른 이들에게 어울린다. 지금 필요하고 요긴한 것은 다만 그들이 우리에게 사용하는 방편을 알아보는 것이다.

마귀들이 모든 그리스도인, 특히 수도승들이 수덕의 수고를 사랑하고 거기에서 진보한다는 것을 보게 되면, 그들의 길을 방해함으로써 그들을 공격하고 유혹한다. 그 방해물은 부정한 생각이다. 그러나 우리는 마귀들의 간계를 두려워할 필요가 없다. 기도, 단식, 주님께 대한 믿음은 그들을 곧 쓰러뜨린다. 하지만 그들은 쓰러진 다음에도 잠잠해지지 않고 책략과 속임수로 다시 공격한다.

그들이 명백하고 부정한 쾌락으로 마음을 꾀어 거짓으로 끌어들이는 데에 성공하지 못한다면, 그들은 다른 방법으로 다시 공격한다. 그들은 여자, 맹수, 파충류, 괴물, 그리고 적군의 모습을 취하고 표상을 만들어 내어 우리를 놀라게 하려 한다. 그러나 우리는 이러한 환상도 두려워하지 말아야 한다. 이들은 실체가 없어 곧 사라지기 때문이다. 특히 우리가 믿음과 십자표로 굳세어질 때에는 더욱 그러하다. …… 우리 신앙인들은 마귀의 출현을 두려워하지 말아야 하고 그의 말에 귀를 기울이지도 말아야 한다. 마귀는 거짓말을 하며, 결코 참된 것을 말하지 않기 때문이다. …… 마귀가 나타날 때에 보이는 것은 참된 빛이 아니다. 마귀들은 마치 보증금처럼 그들이 준비한 불의 표상을 지니며 그 불꽃으로 사람들을 놀라게 하려 하는데, 결국은 그들 자신이 그 불꽃으로 태워질 것이다. 그들은 실제로 나타나지만 신자들에게 해를 끼치지 못하고 곧 사라진다. 그들은 자신들을 맞아들이게 될 불의 표상을 지니고 다닌다. 그러므로 우리는 어떤 경우에도 그들을 두려워하지 말아야 한다. 그들의 음모는 모두 주님의 은총으로 사라질 것이기 때문이다.

아타나시오 성인, 《성 안토니오의 생애》, 21,23-24

전쟁을 하는 것은 모두를 죽이려 하는 악령입니다

The Devil Exists

"오늘 모든 종교의 사람들이 아시시로 가는 것은 대단한 장면을 만들어 내기 위해서가 아니라 단순히 기도하기 위해서, 평화를 위하여 기도하기 위해서입니다." 프란치스코 교황은 프란치스코 성인의 도시 아시시로 떠나기 전에 순례의 의미를 재확인하고자 했습니다. 교황은 이렇게 말했습니다. "저는 세상의 모든 주교들에게, 그들의 교구에서 오늘 기도 모임을 갖고 가톨릭 신자, 그리스도인, 신앙인, 어떤 종교에 속하든지 선의의 모든 사람들에게 평화를 위하여 기도하도록 초대하라는 편지를 썼습니다. 그리하여 오늘 세상의 중심은 아시시가 되겠지만, 온 세상이 평화를 위하여 기도할 것입니다."

교황은 모든 이에게 "집에서 잠시 성경이나 묵주를 들고 평화를 위하여" 기도하도록 제안하는 것을 잊지 않았습니다. "세상이 전쟁 중이기 때문입니다. 세상은 고통을 겪고 있습니다." 교황은 이렇게 설명했습니다. "우리는 그 전쟁을 보고 있지 않습니다. 우리에게는 몇 번의 테러가 다가오고, 우리는 깜짝 놀랍니다. 테러는 나쁩니다. 매우 나쁩니다. 하지만 이것은 밤낮으로 폭탄이 떨어지고 또 떨어지고, 어린아이들과 노인, 남자, 여자 할 것 없이 모두를 죽이는 나라들에서 일어나는 것과는 전혀 비교도 할 수 없습니다. 그리스도인과 비그리스도인 모두의 아버지이신 하느님, 모든 이의 아버지이신 하느님은 평화를 원하십니다. 돈을 벌기 위해서, 더 넓은 영토를 차지하기 위해서 전쟁을 하는 것은 우리입니다. 우리 인간들이 악령의 유혹 아래 전쟁을 하는 것입니다. 오늘날 세상에는 전쟁 때문에 고통을 겪는 많은 이들이 있습니다. 그곳에 있지 않은 우리 대부분은 하느님 덕분에 자신이 전쟁을 겪고 있지 않다고 말할 수도 있습니다! 이에 대해 감사하는 것은 좋지만 우리는 전쟁을 겪는 다른 이들을 생각해야 합니다."

교황은 오늘의 제1독서를 언급하면서(잠언 21,1-6.10-13) 특히 마지막 구절에 주목했습니다. "빈곤한 이의 울부짖음에 귀를 막는 자는 자기가 부르짖을 때에도 대답을 얻지 못한다."(잠언 21,13) 교황은 이에 관해 이렇게 설명했습니다. "오늘 우리가 폭탄 아래에서 그리고 무기 밀매자들의 착취로 고통받는 이 사람들의 부르짖음에 귀를 막는다면, 우리가 부르짖게 될 때 우리는 대답을 얻지 못할 수 있습니다."

교황은 이러한 전망 안에서 호소했습니다. "우리는 전쟁으로 고통받는 이 형제자매들의 고통의 부르짖음에 귀를 막을 수 없습니다." 또한 교황은 이것이 우리와 상관없는 이야기라는 생각에 대해서도 경고했습니다. "전쟁이 멀리 있습니까? 아닙니다. 아주 가까이에 있습니다! 전쟁은 모든 사람과 연관되기 때문입니다. 전쟁도 마음속에서 시작됩니다. 그래서 우리는 오늘 평화를 위해서 기도해야 하는 것입니다. 우리는 주님이 우리 마음 안에 평화를 주시기를, 우리에게 탐욕과 욕심, 싸움의 욕구를 없애 주시기를 청해야 합니다."

"평화, 평화!" 이것이 교황이 반복했던 부르짖음이었습니다. 교황은 "우리 마음이 평화로운 사람의 마음이기를" 기원하고, "참으로 우리 모두가 하느님의 자녀이기에 종교의 분열을 넘어서려는" 마음을 지니기를 기원했습니다. "하느님은 평화의 하느님이십니다. 전쟁의 신은 존재하지 않습니다. 전쟁을 하는 것은 악령입니다. 모든 이를 죽이려고 하는 악마입니다."

교황은 분명하게 "오늘 폭탄과 죽은 이들, 부상당한 이들만이 아니라 식료품의 인도적 도움이 미치지 못하는, 약품을 받지 못하는 사람들을, 어린이들과 노인들을 생각하도록" 권고했습니다. "그들이 필요한 음식과 치료를 받는 것을 폭격이 방해하기 때문에 그들은 굶주리고 병들었습니다. 오늘 우리가 기도할 때, 우리 형제인 사람들이 이러한 행동을 할 수 있다는 데에 대하여 우리 각자가 부끄러움을 느꼈으면 좋겠습니다."

교황은 오늘이 참으로 "평화를 위한 기도와 참회와 눈물의 날, 가난한 이의 부르짖음을 듣기 위한 날"이 되어야 한다고 호소했습니다. "이 부르짖음은 자비에, 사랑에 마음을 열어 놓고 우리를 이기심에서 구해 냅니다." 마지막으로 교황은 그의 초대에 응할 모든 이에게 감사했습니다. "평화를 위한 이 기도와 참회의 날에 여러분이 행할 모든 것에 대하여 감사를 표합니다."[20]

성체 조배를 마치고 방으로 가는 도중에 나는 한 떼의 검고 큰 개들에게 둘러싸였다. 그 개들은 뛰어오르고 짖어 댔으며, 분명히 나를 물기 위해 덤벼들었다. 그러다가 이들이 개가 아니라 마귀임을 깨달았다. 그들 가운데 하나가 분노와 악의를 나타내며 말했다. "오늘 밤에 네가 많은 영혼들을 우리에게서 빼앗아 갔으니, 이제 우리가 너를 찢어 놓겠다." 나는 대답했다. "그것이 지극히 자비로우신 하느님의 뜻이라면, 나를 찢어라. 나는 가장 비참한 죄인이니 그것이 마땅하다. 하지만 하느님은 언제나 거룩하시고 의로우시고 무한히 자비로우시다." 이 말에 그 모든 악마가 함께 대답했다. "도망치자. 혼자가 아니구나. 전능하신 분이 함께 계시는구나."

파우스티나 코발스카 성녀, 《일기》, 320

오늘 저녁, 하느님의 자비와 영혼들이 그 자비에서 얻는 큰 유익에 관해 쓰고 있을 때였다. 갑자기 사탄이 악의와 분노를 품고 방으로 뛰어 들어왔다. …… 처음에 나는 좀 놀랐지만, 곧 작은 십자가로 십자표를 그었다. 짐승은 곧 조용해지고 사라졌다. 오늘 나는 그 괴물 같은 모습은 보지 못했고 다만 그의 악의만을 보았다. 사탄의 악한 분노는 끔찍하다.

파우스티나 코발스카 성녀, 《일기》, 713

3

지옥의 길은
좋은 의도로 닦아집니다

거짓 영성의 위험

The Devil Exists

그리스도교의 공통된 지평을 잃어버리고 나면 우리는 속물근성, 과시욕, 즐거움을 추구하려는 유혹을 겪습니다. 이 유혹들은 즐거움을 주고 살이 찌지만 양분을 주거나 성장에는 도움이 되지 않는 음식과 같습니다.

부분들이 개별적인 것이 되고, 개별성을 우선할 때에는 전체를 잊기 쉽습니다. 곧 우리가 같은 백성에 속한다는 것을 말입니다. 여기에서부터 중심에서 벗어나는 움직임이 시작되는데, 이들은 선교적인 것이 아니라 오히려 그 정반대입니다. 우리는 흩어지고 갈라집니다. 역설적이게도, 사목적인 구분들에 걸려 넘어집니다. 잊지 맙시다. 전체는 부분보다 중요합니다.

이 점을 강조해야 할 것 같습니다. 악령의 거짓된 유혹은 우리가 세례로 인하여 같은 백성에 속한다는 것을 잊게 합니다. 그리고 우리가 하느님의 자녀로서의 정체성, 즉 하느님 백성의 형제이며 지체로서의 정체성을 잃어버리게 되면, 우리는 인위적이고 엘리트적인 '거짓 영성'을 기르기를 좋아하게 됩니다. 우리는 싱싱한 푸른 풀밭을 떠나 사람을 마비시키는 '시험관 그리스도교'의 궤변에 갇힙니다. 그렇다면 우리는 더 이상 그리스도인들이 아니라, 그리스도교적인 개념을 사용하는 '계몽된 엘리트'가 될 것입니다.[21]

낙원에 죄 없이 창조된 인간은 마치 하느님 앞에, 하느님과 악마 사이에 서 있는 것과 같았다. 이는 악마가 그에게 죄를 사주할 때에 그에게 동의하지 않음으로써 악마를 이기고, 의화와 하느님의 영광과 악마의 혼란을 가져오기 위해서였다. 인간보다 강한 악마는 하늘에서 어떤 충고도 없이 죄를 지었는데, 그보다 약한 인간이 악마의 유혹에도 불구하고 땅에서 죄를 짓지 않았더라면 그렇게 되었을 것이다. 인간은 쉽게 이 목표에 도달할 수 있었는데도, 악마의 뜻에 따라 그리고 하느님의 뜻과 영광을 거슬러

강제도 없이 다만 충고만으로 스스로 굴복했다.

안셀모 성인, 《하느님은 왜 인간이 되셨는가?》, 23장

악마는 교회를 박해합니다

The Devil Exists

교회는 박해를 받았고, 지금도 받고 있으며, 앞으로도 그러할 것입니다. 우리가 이에 준비되어 있도록, 주님은 우리에게 이미 예고하셨습니다(마태 24,4-14; 마르 13,9-13; 루카 21,12-19 참조). 마카베오기 상권에서 말하는 것과 같이 배신하고 세상과 타협하는 미지근한 교회의 자녀들이 박해를 받는 것이 아닙니다(1마카 1,11-15 참조). 그들은 결코 박해를 받지 않습니다. 박해를 받는 것은 다른 자녀들, "많은 증인들 가운데에서 예수님을 바라보고"(히브 12,1-2 참조) 어떤 희생을 치르더라도 그분의 발자취를 따르겠다고 선택하는 이들입니다. 교회는 복음에 충실하게 머무는 그만큼 박해를 받을 것입니다. 이러한 충실성의 증언은 세상에 거슬리고, 세상을 분노하게 하며 이를 갈게 합니다(사도 7,54 참조). 스테파노의 경우처럼, 세상은 죽이고 파괴합니다. 박해는 충실함 때문에 겪는 교회적 사건입니다. 때로는 정면에서 직접 박해를 받고, 다른 경우는 '문화에 적응한' 수많은 장식 속에서 박해를 알아볼 줄 알아야 합니다. 박해는 모든 시대에 평범함과 예의라는 거짓된 '상식'의 세속적 '관계성' 안에 감추어져 나타납니다. 그 형태들은 많고도 다양하지만, 박해를 불러일으키는 것은 언제나 복음의 어리석음이고, 그리스도의 십자가의 걸림돌이고, 참된 행복의 누룩입니다. 또한 예수님과 스테파노, 그리고 그 '많은 증인들'의 경우에서처럼 그 방법은 언제나 동일합니다. 정보의 왜곡, 명예 훼손, 중상으로 설득하고 생각을 바꾸게 합니다. 그리고 악마가 하는 모든 일이 그렇듯이 박해가 커지고 확산되며 구실을 찾게 합니다(달리 말하면 합당하게 보이도록, 박해가 아닌 것으로 보이게 하는 것입니다).

한편 교회의 유혹은 늘 동일했고 앞으로도 그러할 것입니다. 그것은 십자가를 피하는 것(마태 16,22 참조), 진리를 타협하는 것, 박해를 피하기 위하여 십자가의 구원 능력을 약화하는 것입니다. 십자가를 거부하고 회피하는 미지근한 교회는 불쌍합니다! 교회가 '점잖게 사회화'한다면 결실을 맺지 못할 것이며, 받아들일 수 있을 만한 문화라는 쓸데없는 장식을 달고 황폐해질 것입니다. 결국 이것은 복음을 부끄러워하고 증언하기를 두려워한 데에 대하여 지불하는 값이 될 것입니다. 그리고 그것을 지불하는 것은 하느님의 백성입니다.[22]

너희는 누구에게도 속는 일이 없도록 조심하여라. 많은 사람이 내 이름으로 와서, "내가 그리스도다." 하면서 많은 이를 속일 것이다. 그리고 너희는 여기저기에서 전쟁이 났다는 소식과 전쟁이 일어난다는 소문을 듣더라도 불안해하지 않도록 주의하여라. 그러한 일이 반드시 벌어지겠지만 그것이 아직 끝은 아니다. 민족과 민족이 맞서 일어나고 나라와 나라가 맞서 일어나며, 곳곳에 기근과 지진이 발생할 것이다. 그러나 이 모든 것은 진통의 시작일 따름이다. 그때에 사람들이 너희를 환난 속에 몰아넣고 죽일 것이다. 너희는 내 이름 때문에 모든 민족들에게 미움을 받을 것이다. 그러면 많은 사람이 떨어져 나가 서로 팔아넘기고 서로 미워하며, 거짓 예언자들이 많이 나타나 많은 이를 속일 것이다. 또 불법이 성하여 많은 이의 사랑이 식어 갈 것이다. 그러나 끝까지 견디어 내는 이는 구원을 받을 것이다. 이 하늘나라의 복음이 온 세상에 선포되어 모든 민족들이 그것을 듣게 될 터인데, 그때에야 끝이 올 것이다.

   그때에 큰 환난이 닥칠 터인데, 그러한 환난은 세상 시초부터 지금까지 없었고 앞으로도 결코 없을 것이다. 거짓 그리스도들과 거짓 예언자들이 나타나, 할 수만 있으면 선택된 이들까지 속이려고 큰 표징과 이적들을 일으킬 것이다. 보라, 내가 너희에게 미리 말해 둔다.

마태 24,4ㄴ-14.21.24-25

악마는 희망을 앗아 가려 합니다

The Devil Exists

예수님은 하느님이시지만 당신 자신을 낮추시어 우리와 함께 걸어가셨습니다. 그분은 우리의 친구고 형제십니다. 그분은 지금 우리가 가는 길에서 우리를 비추십니다. 그래서 오늘 우리는 그분을 맞아들였습니다. 여러분에게 말하고자 하는 첫마디는 '기쁨'입니다. 결코 우울한 사람이 되지 마십시오. 그리스도인은 결코 우울한 사람이 될 수 없습니다. 결코 좌절하지 마십시오. 우리의 기쁨은 많은 것을 소유하는 데에서 오는 기쁨이 아니라 어떤 분을, 우리 가운데 계시는 예수님을 만난 데에서 오는 기쁨입니다. 그 기쁨은 어려운 순간에도, 삶의 길이 극복할 수 없는 수많은 문제와 장애물을 만나게 될 때에도 우리가 혼자가 아니라는 것을 아는 데에서 나옵니다.

  그리고 이 순간에 원수가 옵니다. 흔히는 천사로 둔갑한 악마가 간교하게 우리에게 말을 걸어옵니다. 악마에게 귀를 기울이지 마십시오. 예수님을 따릅시다. 우리는 예수님과 함께 걷고 그분을 따르지만, 무엇보다도 그분이 우리와 함께 걸으시며 당신 등에 우리를 업고 가신다는 것을 압니다. 여기에 우리의 기쁨이, 우리가 이 세상에 전해야 하는 희망이 있습니다. 여러분의 희망을 빼앗기지 마십시오. 희망을 앗아 가게 내버려 두지 마십시오. 예수님이 주시는 희망을 말입니다.[23]

  마귀는 여자처럼 행동한다. 본성상 약하지만 강하게 보이려 하기 때문이다. 남자와 말다툼을 할 때에는 용기를 잃고, 남자가 강하게 맞서면 도망가는 것이 여자의 특징이다. 반면 남자가 도망치고 용기를 잃기 시작하면 여자의 분노와 복수심과 잔인함이 엄청나게 커진다. 그와 마찬가지로 영적인 삶에서 수련을 하는 사람이 마귀에게 용기를 갖고 굳건하게 저항하면, 마귀는 약해지고 용기를 잃는다. 반면 수련하는 사람이 유혹 속에서 두려워하고 용기를 잃기 시작하면, 악의를 품고 그 저주받은 계획을 추구하는 데에 있어서 인간 본성의 원수만큼 포악한 짐승이 세상에 다시없다.

또한 마귀는 승리하여 전리품을 얻으려고 하는 지휘관처럼 행동한다. 군대의 머리인 대장은 진을 치고는 성의 방비와 배치를 조사한 다음 가장 약한 부분에서부터 공격한다. 그와 마찬가지로 인간 본성의 원수는 우리 주변을 돌아다니며 우리의 향주덕과 사추덕, 윤리덕을 모두 살핀다. 그런 다음 우리의 가장 약한 부분, 우리의 영원한 구원을 위하여 준비되어 있지 않은 부분에서 우리를 공격하고 사로잡으려 한다.

이냐시오 데 로욜라 성인, 《영신수련》, 325, 327

천사와 악마
The Devil Exists

"마귀가 진행하는 파괴와 비인간화의 교활한 계획에 맞서 싸우는 것은 일상의 현실입니다. 마귀는 인본주의적 설명까지 꾸며 내면서 이들을 마치 선한 것처럼 제시합니다. 우리가 그 싸움에 바로 뛰어든다면 우리는 패배할 것입니다. 하지만 우리는 우리가 홀로 싸우지 않는다는 것을 확신합니다. 주님이 대천사들에게 인간을 보호할 임무를 맡기셨기 때문입니다." 이것이 프란치스코 교황이 성 미카엘, 가브리엘, 라파엘 대천사 축일에 성녀 마르타의 집 성당에서 거행한 미사에서 기억한 천사들의 역할입니다.

교황은 다음과 같이 설명했습니다. "오늘 우리가 들은 독서와 복음, 다니엘 예언서(다니 7,9-10.13-14)와 요한 복음서(요한

1,47-51)에서는 모두 영광을 말하고 있습니다. 하늘의 영광, 천상 궁정, 하늘에서 이루어지는 경배를 말합니다. 영광이 있고, 그 영광 가운데에는 예수 그리스도가 계십니다."

다니엘은 이렇게 말합니다. "내가 이렇게 밤의 환시 속에서 앞을 보고 있는데 사람의 아들 같은 이가 하늘의 구름을 타고 나타나 …… 그에게 통치권과 영광과 나라가 주어져 모든 민족들과 나라들, 언어가 다른 모든 사람들이 그를 섬기게 되었다."(다니 7,13-14) 교황은 이에 관해 이렇게 말했습니다. "이분은 하늘의 영광 중에 아버지 앞에 계시는 예수 그리스도이십니다."

복음에서도 이를 다시 제시합니다. 교황은 계속해서 이렇게 설명했습니다. "놀란 나타나엘에게 예수님은 말씀하십니다. '앞으로 그보다 더 큰 일을 보게 될 것이다. 너희는 하늘이 열리고 하느님의 천사들이 사람의 아들 위에서 오르내리는 것을 보게 될 것이다.'(요한 1,50-51) 예수님은 야곱의 사다리의 표상을 사용하십니다. 영광의 중심에는 예수님이 계십니다. 예수님은 아버지의 영광이십니다. 그 영광은 다니엘에게서 약속되었고, 예수님에게서도 약속되었습니다. 그러나 그것은 또한 영원히 약속된 영광입니다."

이어서 교황은 요한 묵시록(묵시 12,7-12)을 언급하면서, "영광에 대해 말하지만, 그것은 싸움으로서의 영광"이라고 설명했습니다. 실상 그 구절에 대해서는 이렇게 말했습니다. "그때에 하늘에서 전쟁이 벌어졌습니다. 미카엘과 그의 천사들이 용과 싸운 것입니다. 용과 그의 부하들도 맞서 싸웠지만 당해 내지 못하여, 하늘에는 더 이상 그들을 위한 자리가 없었습니다. 그리하여 그 큰 용, 그 옛날의 뱀, 악마라고도 하고 사탄이라고도 하는 자, 온 세계를 속이던 그자가 떨어졌습니다. 그가 땅으로 떨어졌습니다. 그의 부하들도 그와 함께 떨어졌습니다."

교황은 이것이 "마귀와 하느님의 싸움"이라고 설명했습니다. "그러나 이 싸움은 사탄이 아들을 낳으려고 하는 여인을 해치려고 한 다음에 일어납니다. 사탄은 언제나 인간을 해치려고 하기 때문입니다. 다니엘이 영광 중에 보았던 인간, 예수님이 나타나엘에게 영광 중에 오는 것을 보게 되리라고 말씀하셨던 그 인간을 해치려고 합니다. 그리고 성경의 첫머리에서는 이에 대해서, 사람을 해치려고 하는 사탄의 유혹에 대해서 말합니다. 사탄은 질투에서 그렇게 하는 것입니다."

이와 관련하여 교황은 시편 8편을 인용하며 설명했습니다. "그 뛰어난 천사의 영리함은, 자신보다 못한 피조물이 자신보다 우위에 있게 되는 수치를 견딜 수 없었습니다. 그래서 그를 해치려고 했습니다. 하느님 백성의 과제는 자신 안에 인간을, 인간이신 예수님을 간직하는 것입니다. 그분을 간직하십시오. 그분은 모든 인간에게, 인류 전체에게 생명을 주시는 인간이시기 때문입니다. 그리고 천사들은 그 인간을 승리하게 하기 위하여 싸웁니다. 그래서 인간, 하느님의 아드님, 예수님과 인간, 인류, 우리 모두는 사탄이 그를 해치기 위하여 행하는 모든 것에 맞서 싸웁니다."

프란치스코 교황은 이렇게 말했습니다. "자신의 죄 이외의 많은 계획, 인간을 비인간화하는 많은 계획은 사탄이 하는 일입니다. 그것은 단지 그가 인간을 미워하기 때문입니다. 사탄은 교활합니다. 창세기의 첫 페이지가 그것을 말해 줍니다. 사탄은 교활하고, 자신의 계획을 마치 선한 것처럼 제시합니다. 하지만 그가 의도하는 것은 파괴입니다. 이러한 사탄의 활동 앞에서 천사들은 우리를 보호합니다. 인간을 보호하고 인간이시며 하느님이신 분, 높으신 인간, 완전한 인간이시며 가장 완전한 분이신 예수 그리스도를 보호합니다. 그래서 교회는 천사들을 공경합니다. 그들은 하느님의 영광 안에 있을 것이며(지금도 하느님의 영광 안에 있습니다.) 하느님 안에 감추어진 큰 신비 곧 육으로 오신 말씀을 보호하기 때문입니다. 사탄은 바로 그분을 해치려 합니다. 그리고 예수님을 직접 해치지 못할 때에는 그분의 백성을 해치려 합니다. 하느님의 백성을 해치지 못할 때에는 인간에 반대되는, 인간과 하느님에 반대되는 인본주의적인 설명들을 만들어 냅니다.

그래서 싸움은 그리스도인의 삶에서, 우리 마음에서, 우리의 삶에서, 우리의 가정에서, 우리 백성에게서, 우리의 교회에서 일상의 현실입니다. 그러므로 싸우지 않으면 우리는 패배할 것입니다. 그러나 주님은 천사들에게 싸우고 승리할 이 임무를 맡기셨습니다. 그러한 이유 때문에 이 싸움이 끝난 다음에 나오는 요한 묵시록의 마지막 노래는 매우 아름답습니다. '이제 우리 하느님의 구원과 권능과 나라와 그분께서 세우신 그리스도의 권세가 나타났다. 우리 형제들을 고발하던 자, 하느님 앞에서 밤낮으로 그들을 고발하던 그자가 내쫓겼다.'(묵시 12,10) 그의 목표는 파괴였고, 따라서 요한 묵시록에는 이 '승리의 노래'가 있습니다."

성 미카엘, 가브리엘, 라파엘 대천사 축일을 기억하면서 교황은 오늘이 천사들에게 도움을 청하기에 매우 좋은 날임을 강조했습니다. 또한 "성 미카엘 대천사에게 드리는, 오래되고 아름다운 기도를 바치며 인류의 가장 큰 신비, 곧 말씀이 사람이 되시고 돌아가시고 부활하셨다는 신비를 지키도록 계속 싸워 주시기를 청하기에도 적합한 날입니다. 이것이 우리의 보물이기 때문입니다." 교황은 성 미카엘 대천사에게 "그 보물을 위하여 싸워 주시기를" 청한다는 말로 끝맺었습니다.[24]

그리고 하늘에 큰 표징이 나타났습니다. 태양을 입고 발밑에 달을 두고 머리에 열두 개 별로 된 관을 쓴 여인이 나타난 것입니다. 그 여인은 아기를 배고 있었는데, 해산의 진통과 괴로움으로 울부짖고 있었습니다. 또 다른 표징이 하늘에 나타났습니다. 크고 붉은 용인데, 머리가 일곱이고 뿔이 열이었으며 일곱 머리에는 모두 작은 관을 쓰고 있었습니다. 용의 꼬리가 하늘의 별 삼분의 일을 휩쓸어 땅으로 내던졌습니다. 그 용은 여인이 해산하기만 하면 아이를 삼켜 버리려고, 이제 막 해산하려는 그 여인 앞에 지켜 서 있었습니다. 이윽고 여인이 아들을 낳았습니다. 그 사내아이는 쇠지팡이로 모든 민족들을 다스릴 분입니다. 그런데 그 여인의 아이가 하느님께로, 그분의 어좌로 들어 올려졌습니다. 여인은 광야로 달아났습니다. 거기에는 여인이 천이백육십 일 동안 보살핌을 받도록 하느님께서 마련해 주신 처소가 있었습니다.

그때에 하늘에서 전쟁이 벌어졌습니다. 미카엘과 그의 천사들이 용과 싸운 것입니다. 용과 그의 부하들도 맞서 싸웠지만 당해 내지 못하여, 하늘에는 더 이상 그들을 위한 자리가 없었습니다. 그리하여 그 큰 용, 그 옛날의 뱀, 악마라고도 하고 사탄이라고도 하는 자, 온 세계를 속이던 그자가 떨어졌습니다. 그가 땅으로 떨어졌습니다. 그의 부하들도 그와 함께 떨어졌습니다.

용은 자기가 땅으로 떨어진 것을 알고, 그 사내아이를 낳은 여인을 쫓아갔습니다. 그러나 그 여인에게 큰 독수리의 두 날개가 주어졌습니다. 그리하여 그 여인은 광야에 있는 자기 처소로 날아가, 그 뱀을 피하여 그곳에서 일 년과 이 년과 반 년 동안 보살핌을 받았습니다. 그 뱀은 여인의 뒤에다 강물 같은 물을 입에서 뿜어내어 여인을 휩쓸어 버리려고 하였습니다. 그러나 땅이 여인을 도왔습니다. 땅은 입을 열어 용이 입에서 뿜어낸 강물을 마셔 버렸습니다. 그러자 용은 여인 때문에 분개하여, 여인의 나머지 후손들, 곧 하느님의 계명을 지키고 예수님의 증언을 간직하고 있는 이들과 싸우려고 그곳을 떠나갔습니다.

묵시 12,1-9.13-17

'하느님의 전쟁'을 위한 기도의 힘

The Devil Exists

　성령이 우리를 살아 계신 하느님의 신비 안으로 이끌어 주시고 우리 마음 안에서 기도해 주시기를 청합니다. 제2독서에서 선포하듯이(콜로 2,12-14) 우리는 이미 승리했습니다. 이로써 잘 준비되어, 이러한 승리로 힘을 얻어, 우리가 기도 안에서 경험하는 이 하느님과의 친밀함 안으로 더 깊이 들어가면서 우리의 사도직에서 앞으로 나아가기를 바랍니다(히브 10,39 참조). 행동에서나 기도에서나 담대함parresia을 길러 가기를 바랍니다. 그리스도 안에서 성인이 되고 의탁에 있어서는 어린이가 되십시오. 극한에 이르기까지 일하는 사람이 되고 그와 동시에 마음으로는 기도에 힘써 수고하십시오. 우리를 부르신 예수님은 우리가 그렇게 되기를 바라십니다. 그분은 우리에게 우리의 사도직이, 우리의 어려움이, 우리의 싸움이 우리에게서 시작해서 우리에게서 끝나는 순전히 인간적인 것이 아님을 깨닫는 은총을 주십니다. 그것은 우리의 전투가 아니라 '하느님의 전쟁'입니다(2역대 20,15 참조). 그래서 우리는 매일 기도에 더 많은 시간을 할애해야 하는 것입니다.[25]

그러나 선을 미워하고 질투심이 많은 악마는 젊은이에게 그러한 삶의 결심이 있는 것을 참지 못하고 그에 대해서도 흔히 하는 음모를 꾸미기 시작했다. 처음에는 그에게 재산, 누이동생에 대한 염려, 친척들에 대한 애정, 돈에 대한 사랑, 영광에 대한 갈망, 다양한 음식의 즐거움과 삶의 다른 쾌락의 기억을 불어넣음으로써 고행을 멀리하게 하려 했다. 마지막에는 그에게 덕이 얼마나 힘들고 얼마나 많은 수고를 요구하는가 하는 생각을 갖게 하고, 육체의 약함과 오랜 시간을 그의 앞에 내놓았다. 악마는 그의 생각들에 큰 폭풍을 일으켰는데, 이는 그를 올바른 결정에서 떼어 놓으려는 것이었다. 하지만 원수는 안토니오의 결심 앞에서 자신이 약하다는 것을 보았고 또 오히려 자신이 안토니오의 굳건함에 졌다는 것을 알았다. 그의 큰 믿음에 밀려났고 그의 지속적인 기도에 패배한 원수는, 젊은이에 대한 첫 번째 간계로 배꼽 근처에 있는 무기에 의지하여 그것을 자랑했다. 그래서 밤에 그 젊은이를 방해하며 공격하고 낮에는 그를 괴롭혔으므로, 그를 보는 이들은 그가 둘 사이에서 싸우고 있음을 알아보았다. 하나는 그에게 부정한 생각을 불러일으켰고, 다른 하나는 기도로 그 생각을 물리쳤다. 하나는 그를 자극했고, 다른 하나는 수치심으로 얼굴을 붉히게 하며 믿음과 단식으로 그의 육체를 강하게 했다. 사악한 악마는 밤에는 여자의 모습을 취하여 여자의 행동을 하며 온갖 방법으로 안토니오를 유혹했다. 하지만 안토니오는 그리스도를 생각하고 인간이 그리스도 덕분에 지니는 고귀함과 영혼의 영적 본성을 묵상하면서 유혹의 불을 껐다. 원수는 다시 그에게 쾌락의 감미로움을 속삭였지만, 안토니오는 분노하고 괴로워하며 불의 위협과 벌레의 고통을 생각했다. 그는 그러한 생각을 원수의 유혹에 맞세워 결국 그 유혹에서 해를 입지 않고 지나갔다.

아타나시오 성인, 《성 안토니오의 생애》, 5

어둠의 우두머리에 맞선 싸움

The Devil Exists

"그리스도인의 삶은 싸움이고, 악마의 유혹에 저항하기 위하여 그리고 진리를 선포하기 위하여 힘과 용기가 필요합니다. 하지만 이 싸움은 매우 아름답습니다. 주님이 우리 삶의 모든 발걸음에서 승리하실 때, 그분은 우리에게 기쁨과 큰 행복을 주시기 때문입니다." 프란치스코 교황은 에페소 신자들에게 보낸 서간에서 바오로 사도가 하는 말(에페 6,10-20)과 거기에 사용된 군사적 표현을 고찰했습니다. 이어서 신학자들이 영적인 싸움이라고 정의한 것에 대해 말했습니다. "영성 생활에서 진보하기 위해서는 싸워야 합니다."

먼저 교황은 힘과 용기가 필요하다는 것을 설명했습니다. "그것이 단순한 충돌이 아니라 어둠의 우두머리에 맞선 지속적인 투쟁이기 때문입니다. 이것이 그리스도인의 삶의 세 가지 원수, 곧 마귀, 세상, 육신이라고 교리에서 말하던 그 대결입니다. 그것은 세속성에 대한, 그리고 원죄의 상처들인 질투, 음욕, 탐식, 교만, 자만, 질투의 열정에 대해 매일 이루어지는 싸움입니다."

누군가는 이렇게 물을 수도 있습니다. "하지만 예수님이 주시는 구원은 거저 주시는 것이 아닌가요?" 교황은 그렇다고 대답했습니다. "하지만 그것을 지켜야 합니다. 그리고 바오로 사도가 말하듯이 하느님의 무기로 완전히 무장해야 합니다. 유혹에 저항하는 것, 악마와의 싸움이 없는 그리스도인의 영성 생활은 생각할 수 없기 때문입니다."

교황은 사람들이 "악마는 신화이고 형상이고 개념이며, 악의 개념이라고 믿게 하려 했다는 점"을 생각하라고 대답했습니다. "악마는 존재하고 우리는 악마와 싸워야 합니다. 바오로 사도가 그렇게 말하고, 하느님의 말씀이 그렇게 말씀하시는데도 우리는 이러한 현실을 별로 확신하지 않는 듯합니다. 그런데 하느님의 무기는 어떤 것일까요? 바오로 사도는 우리에게 몇 가지 세부 사항을 알려 줍니다. '진리로 허리에 띠를 두르고 굳건히 서십시오.'(에페 6,14) 그러니 무엇보다 먼저 진리가 필요합니다. 악마는 거짓말쟁이고 거짓의 아비기 때문입니다. 이어서 바오로 사도는 '의로움의 갑옷'을 입어야 한다고 말합니다. 그러나 의인이 되기 위하여 끊임없이 노력하지 않는다면 그리스도인일 수 없습니다."

또한 교황은 이렇게 말했습니다. "발에는 평화의 복음을 위한 준비의 신을 신으십시오. 그리스도인은 평화의 사람이며, 마음 안에 평화가 없다면 그 사람은 무엇인가 잘못된 것입니다. 싸움을 위한 힘을 주는 것은 평화입니다."

마지막으로 교황은 에페소 신자들에게 보낸 서간에서 "무엇보다도 믿음의 방패를 잡으십시오."(에페 6,16)라는 구절에 주목했습니다. "이러한 질문은 우리에게 매우 유익할 것입니다. '나의 신앙은 어떠한가? 나는 믿는가, 믿지 않는가? 어느 정도는 믿고 어느 정도는 믿지 않는 것은 아닌가? 어느 정도는 세속적이고 어느 정도는 신앙인인 것은 아닌가?' 신경을 바칠 때에 우리는 '말로만' 하지 않습니까?" 교황은 질문했습니다. "신앙이 없이는 앞으로 나아갈 수 없다는 것을, 예수님의 구원을 지킬 수 없다는 것을 의식하고 있습니까?"

요한 복음서 9장에서는 예수님이 눈먼 사람을 고쳐 주시고, 바리사이들은 그가 바로 그 눈먼 사람이었음을 믿지 않으려고 하는 부분이 나옵니다. 여기서 교황은 예수님이 그 젊은이에게 만족스러운지, 행복한지 묻지 않으시고 "너는 사람의 아들을 믿느냐? 너는 믿음이 있느냐?"(요한 9,35 참조) 하고 물으신다는 점을 지적했습니다. "이것은 매일 우리에게 하시는 질문입니다. 우리는 그 질문을 피할 수 없습니다. 우리의 믿음이 약하다면 악마는 우리를 이길 것이기 때문입니다. 믿음의 방패는 우리를 방어할 뿐만 아니라 우리에게 생명을 줍니다. 바오로 사도는 우리가 '악한 자가 쏘는 불화살을 그 방패로 막아서 끌 수 있을 것'(에페 6,16)이라고 말합니다. 악마는 우리에게 꽃을 던지는 것이 아니라 오히려 불화살과 죽이기 위한 독화살을 쏩니다."

교황은 이어서, 그리스도인의 무기에는 구원의 투구와 성령의 칼, 그리고 기도가 있다는 점을 말했습니다. 바오로 사도는 "끊임없이 기도하십시오."(1테살 5,17)라는 말로 이를 상기시킵니다. 교황도 이를 다시 강조했습니다. "기도하십시오. 기도하십시오. 경계하지 않고서는 그리스도인의 생활을 계속할 수 없습니다. 그래서 그리스도인의 삶은 싸움으로 간주될 수 있습니다." 그러나 교황은 그것이 "매우 아름다운 싸움"이라고 단언했습니다. "그것이 우리에게 주님이 거저 주시는 당신의 구원으로써 우리 안에서 승리하셨다는 기쁨을 주기 때문입니다." 마지막으로 교황은 이렇게 말했습니다. "우리 모두는 약간 게으르며 격정과 유혹으로 움직여집니다. 하지만 우리가 죄인이라 하더라도 좌절해서는 안 됩니다. 주님이 우리 안에 계시고, 우리에게 모든 것을 주셨으며 또한 힘, 용기, 기도, 경계, 기쁨의 은총을 주시어 우리가 오늘의 이 작은 한 걸음을 나가게 하고, 우리가 일상의 전투에서 승리하도록 이끄실 것이기 때문입니다."[26]

악마의 간계에 맞설 수 있도록 하느님의 무기로 완전히 무장하십시오. 우리의 전투 상대는 인간이 아니라, 권세와 권력들과 이 어두운 세계의 지배자들과 하늘에 있는 악령들입니다. 그러므로 악한 날에 그들에게 대항할 수 있도록, 그리고 모든 채비를 마치고서 그들에게 맞설 수 있도록, 하느님의 무기로 완전한 무장을 갖추십시오. 그리하여 진리로 허리에 띠를 두르고 의로움의 갑옷을 입고 굳건히 서십시오. 발에는 평화의 복음을 위한 준비의 신을 신으십시오. 무엇보다도 믿음의 방패를 잡으십시오. 여러분은 악한 자가 쏘는 불화살을 그 방패로 막아서 끌 수 있을 것입니다. 그리고 구원의 투구를 받아쓰고 성령의 칼을 받아 쥐십시오. 성령의 칼은 하느님의 말씀입니다.

에페 6,11-17

폐쇄의 유혹

The Devil Exists

"목자는 자기 양들의 이름을 하나하나 불러 밖으로 데리고 나간다."(요한 10,3) 여러분에게 이 점을 강조하고자 합니다. 교리 교사인 여러분은 그리스도인의 신앙 교육에 종사하며 그들의 신앙 성장의 동반자가 되고 있습니다. 그러나 '유혹자'에 이끌려 여러분의 활동 영역이 교회 내부에 머문다고 믿고, 성전과 그 안뜰 주변에만 머물게 될 수 있습니다. 실제로 많은 이들이 그렇게 됩니다. 만일 여러분의 말과 여러분의 지평이 닫혀 있는 작은 세계의 전망에만 머무른다면, 우리의 교리 교육이 케리그마의 힘을 잃고 싱거운 세뇌나 실망스러운 도덕규범의 전달에 머무르며, 헛되이 씨를 뿌리는 절망적인 경험이 되어 버립니다. 그렇다고 해도 놀라지 말아야 합니다.

그렇기 때문에 '그리스도에게서 다시 시작하기'는 구체적으로 영원한 말씀을 지닌 유일한 분이신 선하신 스승님을 본받고 다양한 상황 속에 있는 인간을 찾기 위하여 수천 번 거리로 나가는 것을 의미합니다.

예수님을 따르던 이들이 첫걸음을 내딛을 때에도 두려움으로 마비되어 자신 안에 갇혀 있으려는 유혹이 있었습니다. "제자들은 유다인들이 두려워 문을 모두 잠가 놓고 있었다."(요한 20,19) 어제와 마찬가지로 오늘날 우리에게도 두려움이 있을 수 있습니다. 오늘도 우리는 자주 문을 닫고 있습니다. 우리에게 갚아야 할 빚이 있음을 생각합시다.[27]

"내가 진실로 진실로 너희에게 말한다. 양 우리에 들어갈 때에 문으로 들어가지 않고 다른 데로 넘어 들어가는 자는 도둑이며 강도다. 그러나 문으로 들어가는 이는 양들의 목자다. 문지기는 목자에게 문을 열어 주고, 양들은 그의 목소리를 알아듣는다. 그리고 목자는 자기 양들의 이름을 하나하나 불러 밖으로 데리고 나간다. 이렇게 자기 양들을 모두 밖으로 이끌어 낸 다음, 그는 앞장서 가고 양들은 그를 따른다. 양들이 그의 목소리를 알기 때문이다. 그러나 낯선 사람은 따르지 않고 오히려 피해 달아난다. 낯선 사람들의 목소리를 알지 못하기 때문이다."

예수님께서 다시 이르셨다. "내가 진실로 진실로 너희에게 말한다. 나는 양들의 문이다. 나보다 먼저 온 자들은 모두 도둑이며 강도다. 그래서 양들은 그들의 말을 듣지 않았다. 나는 문이다. 누구든지 나를 통하여 들어오면 구원을 받고, 또 드나들며 풀밭을 찾아 얻을 것이다. 도둑은 다만 훔치고 죽이고 멸망시키려고 올 뿐이다. 그러나 나는 양들이 생명을 얻고 또 얻어 넘치게 하려고 왔다. 나는 착한 목자다. 착한 목자는 양들을 위하여 자기 목숨을 내놓는다. 삯꾼은 목자가 아니고 양도 자기 것이 아니기 때문에, 이리가 오는 것을 보면 양들을 버리고 달아난다. 그러면 이리는 양들을 물어 가고 양 떼를 흩어 버린다. 그는 삯꾼이어서 양들에게 관심이 없기 때문이다. 나는 착한 목자다. 나는 내 양들을 알고 내 양들은 나를 안다. 이는 아버지께서 나를 아시고 내가 아버지를 아는 것과 같다. 나는 양들을 위하여 목숨을 내놓는다."

요한 10,1-5.7-15

거짓의 어둠과 영적 세속성

The Devil Exists

예수님은 성령을 '진리의 영'이라고 부르십니다. 성령이 우리 마음에 현존하시면 그분은 거짓의 어둠과 거짓 진리의 안개를 흩어 버리십니다. 거짓 진리, 어중간한 진리는 "세상은 그분(성령)을 보지도 못하고 알지도 못하기 때문에 그분을 받아들이지 못한다."(요한 14,17)라는 것을 보여 주는 '성취compimento'의 표현이고 세상과의 타협의 표현입니다. 그것은 영적 세속성의 영 안에서 생겨난 표현입니다.

신학자인 앙리 드 뤼박은 이렇게 말했습니다. "교회에게(우리가 교회입니다.) 가장 큰 위험이자 가장 음흉한 유혹은, 다른 모든 유혹이 극복되었을 때 오히려 그 승리에 의하여 길러져 간교하게 다시 생겨나는 유혹입니다. …… 이러한 영적 세속성이 교회를 침범하고 교회의 원리 자체를 공격하면서 교회를 부패시키려고 한다면, 그것은 단순한 도덕적 세속성보다 훨씬 큰 재앙입니다. 그것은 나병보다도 더 나쁩니다. 종교가 성전 안에까지 추문을 끌어들이는 것으로 보였던 역사의 어떤 순간에 신부(인 교회)를 잔인하게 망가뜨린 그 나병보다도 더욱 나쁩니다. 철저하게 인간 중심적인 태도, 이것이 영의 세속성입니다. …… 그것은 살아 계신 하느님을 거스르고, 드러나지 않지만 인간에게도 적이 되는 미묘한 인본주의로서, 수천 가지 뒤틀린 길로 우리에게 들어올 수 있습니다."[28] 사제가 이러한 태도와 타협하면, 그는 더 이상 백성의 목자가 아니라 국가의 성직자가 되고 관료로 변모합니다.

성령은 우리를 이러한 세상의 영에서 구해 내십니다. 그 영은, 원수가 되는 것보다 친구가 되는 것이 더 위험한 '세상'의 영입니다. 성령은 우리의 직무를 세속화하는 함정에서 우리를 구하십니다. 그분은 우리의 내면에서 우리를 인도하시고, 우리를 서로 다른 두 방향으로 향하게 하십니다. 한편으로는 내면을 향하여 신비 안으로 이끄시고, 다른 한편으로는 밖을 향하여 이끄시며 우리에게 증언할 힘을 주십니다.[29]

하느님은 우주를 창조하셨고, 지상의 사물을 인간에게 종속시키셨으며, 열매가 자라고 계절이 바뀌도록 하늘의 요소를 질서 지으셨고, 그들에게 신적 법칙을 제정하셨다. 그리고 이 모든 일은 분명히 인간을 위해 하신 일이다. 사람들과 하늘 아래 있는 것들을 돌보는 일을 그 목적을 위해 지정하신 천사들에게 맡기셨다. 그러나 천사들은 이 지시를 어기고 여인들과 짝을 지어 자녀를 낳았는데, 이들이 소위 악마다.

그 이후로 그들은 인류를 예속시켰는데 때로는 마법의 글로, 때로는 공포와 고통으로, 때로는 인간이 감각의 열정에 떨어진 후에 필요하게 되는 것들인 희생 제사와 분향과 헌주의 제도로 예속시켰다. 그리고 그들은 사람들 사이에 살인, 전쟁, 간음, 방탕, 온갖 종류의 악의 씨를 뿌렸다.

유스티노 성인, 《제2호교론》 제5권, 2-4

지옥의 길은 좋은 의도로 닦아집니다

The Devil Exists

우리는 실천을 해야 하고, 그 실천을 효과적인 방식으로 해야 합니다. 연대성이나 다른 사회에 대해 말하고, 학교와 현대화되고 인격적이고 땅에 발을 디딘 교육의 중요성에 대해 이론을 세우는 것은 즐겁습니다. 정보 사회에 대해서, 현대 세계의 일차적 자본인 지식에 대해서, 그리고 그 밖의 여러 가지에 대해서 수천 가지의 말을 합니다. 하지만 '지옥의 길은 좋은 의도로 닦아집니다.' 앞서 말한 바와 같이 참된 창조성은 목적, 가치, 의미를 소홀히 하지 않습니다. 그러나 계획을 세우는 데 구체적인 측면도 무시하지 않습니다. '윤리' 없는 '기술'은 공허하고 비인간적이며, 눈먼 이가 다른 눈먼 이들을 인도하는 것과 같습니다. 하지만 목적에 도달할 수단을 적절하게 고려하지 않으면서 목적을 선언하는 것은 순전한 환상으로 남을 수밖에 없습니다. 이상향은 유한하고 비판의 여지가 있는 현실 '앞에' 그리고 그 '밖에' 자리하여 현실을 움직이게 할 수 있습니다. 하지만 또한 바로 그 이유 때문에, 그 매력적인 전망을 이루기 위한 수단을 실현하지 않는다면 현실은 '광기'와 '소외'에 치우치게 될 것입니다.[30]

악마는 인간을 내적으로 설득함으로써 죄를 짓게 이끌 수 없다. 악마는 설득하는 사람처럼 인간의 의지를 움직인다. …… 악마는 동물혼과 육체 내부를 움직이고, 그 움직임이 표상을 만들어 낸다. 마귀 들린 사람들의 경우와 같이, 악마는 이성의 사용을 방해할 수 있다. …… 마귀가 유혹자라고 일컬어지는 것은, 인간을 시험하여 그가 어떤 표상에 더 굴복하는지를 알아내기 때문이다.

…… 위에서 말한 바와 같이, 악마는 직접적으로 의지를 움직인다는 의미에서 인간의 죄의 원인인 것이 아니라 다만 설득하는 사람과 같다고 말해야 한다. 그런데 인간에게 어떤 것을 하도록 설득하는 것은 가시적인 방법과 비가시적인 방법 두 가지로

이루어진다. 자세히 말한다면, 가시적으로는 인간에게 어떤 형상 아래 나타나 그에게 감각적으로 말하고 죄를 짓도록 유혹하는 경우가 있다. 뱀의 형태로 낙원의 첫 인간을 유혹했을 때 그리고 광야에서 가시적인 형태로 나타나 그리스도를 유혹한 경우가 그러하다. 그러나 이러한 방식으로만 인간을 설득한다고 생각하지는 말아야 한다. 만일 그렇다면, 가시적인 방식으로 나타나 범하도록 설득하는 죄들 외에는 다른 죄를 범하지 않을 것이기 때문이다. 그러므로 악마가 비가시적으로도 인간에게 죄를 짓도록 사주한다고 말해야 한다.

토마스 아퀴나스 성인, 《악론》 제3문, 제4절, 58

악마와 길 잃은 양

The Devil Exists

"주님이 길 잃은 양을 어떻게 대하시는지는 유다에 대한 주님의 태도에서 가장 잘 볼 수 있습니다. 복음에서, 가장 완전한 길 잃은 양은 유다입니다." 프란치스코 교황은 이에 관해 이렇게 설명했습니다. "그는 언제나 마음에 원한을 품고 있었고, 다른 이들을 비난했고, 언제나 외떨어진 사람이었습니다. 그는 다른 모든 이와 함께 사는 무상성의 감미로움을 알지 못하는 사람이었습니다. 이 양은 불만을 품고 있었고 결국 도망쳤습니다. 유다가 도둑이었기 때문에 도망친 것입니다. 탐욕에 찬 다른 이들도 그와 마찬가지로 도망칩니다. 그들의 마음 안에는 그들을 양 떼에서 떨어지게 하는 어둠이 있기 때문입니다. 고통스러운 마음으로 덧붙이자면, 우리는 많은 그리스도인과 함께, 신부들 그리고 주교들의 이중생활을 보고 있습니다. 유다도 주교였습니다. 그도 첫 주교 가운데 한 사람이었습니다."

교황은 유다도 "길 잃은 양"이라고 말하며 이렇게 덧붙였습니다. "불쌍한 사람! 마졸라리 신부가 그 아름다운 강론에서 말했던 것처럼, 이 유다 형제는 불쌍한 사람입니다. '유다 형제, 당신 마음 안에서는 무슨 일이 일어났습니까?'"

이것은 오늘의 그리스도인들에게도 낯설지 않은 현실입니다. 그래서 "우리도 길 잃은 양을 이해해야 합니다." 교황은 다음과 같이 강조했습니다. "우리에게도 어떤 점에서는, 아주 작은 것이든 그렇게 작지 않은 것이든, 길 잃은 양의 모습이 있습니다. 길 잃은 양이 한 행동은 틀린 것이 아닙니다. 그것은 병입니다. 그는 마음 안에 병을 지닌 것입니다. 그리고 악마는 그 병을 이용합니다." 전에 사용했던 비유를 다시 예로 들면서 교황은 유다의 삶의 마지막 순간을 돌아보았습니다. "그가 이중생활을 실행하러 성전에 갔을 때, 동산에서 주님께 입맞춤을 했을 때, 그리고 사제들에게서 받은 은전들……. 그것은 틀린 것이 아닙니다. 그가 그렇게 한 것은…… 그가 어둠 속에 있었기 때문입니다! 마음이 갈라지고 흩어져 있었습니다. 유다, 유다……. 그는 잃어버린 양의 전형이라고 말할 수 있습니다. 예수님은 목자시고, 그를 찾아 나서십니다. '친구야, 네가 하러 온 일을 하여라.' 그리고 유다는 그분께 입을 맞춥니다. 그러나 유다는 깨닫지 못합니다. 그리고 마지막에 자신의 이중생활이 공동체에 가져온 결과를 깨달았을 때, 주님의 빛이 아닌 성탄 전구 같은 인공적인 빛을 찾아 언제나 도망치게 했던 내면의 어둠으로 자신이 씨 뿌린 악을 깨닫게 되었을 때, 이 모든 것을 알게 되었을 때, 결국 그는 절망했습니다. 그리고 이것이 길 잃은 양들이 주님의 애정을 받아들이지 않을 때에 일어나는 일입니다."

교황의 숙고는 더 깊이 내려갔습니다. "주님은 이런 양들에게도 선하시고, 그들을 찾아 나서기를 결코 중단하지 않으십니다." 교황은 이렇게 지적한 후에, 성경에 나오는 구절 하나를 강조했습니다. 그것은 "유다가 목을 매어 죽었다는 것, 목을 매며 후회했다는 것"(마태 27,3-5 참조)이었습니다. "저는 주님이 그 구절을 받아 지니시리라고 생각합니다. 모르지요. 그럴 수도 있습니다. 하지만 그 구절은 우리에게 의문을 남깁니다.

그렇다면 그 구절은 무엇을 뜻합니까? 그것은 마지막까지, 절망의 순간까지 하느님의 사랑이 그 영혼 안에서 작용하고 있었음을 뜻합니다." 교황은 마지막으로 이렇게 말했습니다. "바로 이것이 길 잃은 양에 대한 착한 목자의 자세입니다."[31]

예수님께서는 이렇게 이르시고 나서 마음이 산란하시어 드러내 놓고 말씀하셨다. "내가 진실로 진실로 너희에게 말한다. 너희 가운데 한 사람이 나를 팔아넘길 것이다." 제자들은 누구를 두고 하시는 말씀인지 몰라 어리둥절하여 서로 바라보기만 하였다. 제자 가운데 한 사람이 예수님 품에 기대어 앉아 있었는데, 그는 예수님께서 사랑하시는 제자였다. 그래서 시몬 베드로가 그에게 고갯짓을 하여, 예수님께서 말씀하시는 사람이 누구인지 여쭈어 보게 하였다. 그 제자가 예수님께 더 다가가, "주님, 그가 누구입니까?" 하고 물었다. 예수님께서는 "내가 빵을 적셔서 주는 자가 바로 그 사람이다." 하고 대답하셨다. 그리고 빵을 적신 다음 그것을 들어 시몬 이스카리옷의 아들 유다에게 주셨다. 유다가 그 빵을 받자 사탄이 그에게 들어갔다. 그때에 예수님께서 유다에게 말씀하셨다. "네가 하려는 일을 어서 하여라." 식탁에 함께 앉은 이들은 예수님께서 그에게 왜 그런 말씀을 하셨는지 아무도 몰랐다. 어떤 이들은 유다가 돈주머니를 가지고 있었으므로, 예수님께서 그에게 축제에 필요한 것을 사라고 하셨거나, 또는 가난한 이들에게 무엇을 주라고 말씀하신 것이려니 생각하였다. 유다는 빵을 받고 바로 밖으로 나갔다. 때는 밤이었다.

요한 13,21-30

유다가 "뉘우치고서는, 그 은돈 서른 닢을 수석 사제들과 원로들에게 돌려주면서 '죄 없는 분을 팔아넘겨 죽게 만들었으니 나는 죄를 지었소.'"(마태 27,3-4)라고 말했다는 것을 볼 때, 그의 영원한 운명에 대한 신비는 더 깊어집니다. 그 후에 그는 물러가서 목을 매어 죽었지만(마태 27,5 참조), 우리는 우리 스스로 무한히 자비로우시고 의로우신 하느님의 자리를 차지하면서 그의 행동을 판단할 수 없습니다.

베네딕토 16세 교황, 일반 알현, 2006년 10월 18일

4

사탄은 위선적인 아첨가

무덤들 사이에서, 마귀 들린 사람처럼

The Devil Exists

이 밤에 우리에게 소식이 전해졌습니다. 그리스도께서 부활하셨습니다! 주님이 살아 계십니다! "어찌하여 살아 계신 분을 죽은 이들 가운데에서 찾고 있느냐?"라는 질책은 우리에게도 해당됩니다. 때로 우리 안에는 슬픔과 실패로 이야기를 끝맺고자 하는 일종의 충동 같은 것이 있습니다. 희망의 문을 닫고, 바위가 막고 있으며 아무도 그것을 움직일 수 없다고 믿으려 합니다. 우리가 살아가다 보면, 새벽은 다만 무덤을 비추기 위해서 밝아 오고 우리의 삶은 그 무덤에 갇혀 있으며 우리 자신은 '죽은 이들' 가운데에서, 생명과 희망을 줄 수 없는 것들 사이에서 찾아 헤매는 것으로 보일 때가 있습니다. 여기서 우리에게 그 질책이 들려옵니다. "어찌하여 살아 계신 분을 죽은 이들 가운데에서 찾고 있느냐?"

우리 삶에서나 우리가 사는 사회 안에서, 우리는 때로 거듭 실패하고 조금씩 건전하지 못한 방식으로 게라사인들의 지방에 있던 그 마귀 들린 사람처럼 무덤 사이에서 지내는 데 조금씩 익숙해집니다(루카 8,26-39 참조). 심지어 이것이 바로 삶의 법칙이라고, 가능했지만 이루어지지 않은 것을 탄식할 운명이라고 믿게 될 수도 있습니다. 그럴 때에 우리는 정신을 분산시키기 위하여 하느님의 약속에 대한 기억을 지우고 회피하는 데에 몰두합니다. 우리에게 이러한 일이 일어날 때 우리는 병든 것입니다. 우리 사회에 이러한 일이 일어날 때 그 사회는 병든 것입니다.[32]

그들은 갈릴래아 맞은쪽 게라사인들의 지방으로 저어 갔다. 예수님께서 뭍에 내리시자, 마귀 들린 어떤 남자가 고을에서 나와 그분께 마주 왔다. 그는 오래전부터 옷을 입지 않았을 뿐만 아니라, 집에 있지 않고 무덤에서 지냈다. 그가 예수님을 보고 고함을 지르고서 그분 앞에 엎드려 큰 소리로 말하였다. "지극히 높으신 하느님의 아들 예수님, 당신께서 저와 무슨 상관이 있습니까? 당신께 청합니다. 저를 괴롭히지 말아 주십시오." 예수님께서 더러운 영에게 그 사람에게서 나가라고 명령하셨기 때문이다. 그 더러운 영이 그를 여러 번 사로잡아, 그가 쇠사슬과 족쇄로 묶인 채 감시를 받았지만, 그는 그 묶은 것을 끊고 마귀에게 몰려 광야로 나가곤 하였다. 예수님께서 그에게 "네 이름이 무엇이냐?" 하고 물으시자, 그가 "군대입니다." 하고 대답하였다. 그에게 많은 마귀가 들어가 있었기 때문이다. 마귀들은 예수님께 지하로 물러가라는 명령을 내리지 말아 달라고 청하였다.

마침 그 산에는 놓아기르는 많은 돼지 떼가 있었다. 그래서 마귀들이 예수님께 그 속으로 들어가도록 허락해 달라고 청하였다. 예수님께서 허락하시니, 마귀들이 그 사람에게서 나와 돼지들 속으로 들어갔다. 그러자 돼지 떼가 호수를 향해 비탈을 내리달려 물에 빠져 죽고 말았다. 돼지를 치던 이들이 그 일을 보고 달아나 그 고을과 여러 촌락에 알렸다. 사람들은 무슨 일이 일어났는지 보려고 나왔다. 그들은 예수님께 와서, 마귀들이 떨어져 나간 그 사람이 옷을 입고 제정신으로 예수님 발치에 앉아 있는 것을 보고는 그만 겁이 났다. 그 일을 본 사람들은 마귀 들렸던 이가 어떻게 구원받았는지 알려 주었다. 그러자 게라사인들의 지역 주민 전체가 예수님께 자기들에게서 떠나 주십사고 요청하였다. 그들이 큰 두려움에 사로잡혔기 때문이다. 그리하여 예수님께서는 배에 올라 되돌아가셨다. 그때에 마귀들이 떨어져 나간 그 남자가 예수님께 같이 있게 해 주십사고 청하였다. 그러나 예수님께서는 그를 돌려보내며 말씀하셨다. "집으로 돌아가, 하느님께서 너에게 해 주신 일을 다 이야기해 주어라." 그래서 그는 물러가, 예수님께서 자기에게 해 주신 일을 온 고을에 두루 선포하였다.

루카 8,26-39

지옥의 거짓된 승리

The Devil Exists

"그러자 성전 휘장이 위에서 아래까지 두 갈래로 찢어졌다. 땅이 흔들리고 바위들이 갈라졌다. 무덤이 열리고 …… 백인대장과 또 그와 함께 예수님을 지키던 이들이 지진과 다른 여러 가지 일들을 보고 몹시 두려워하며, '참으로 이분은 하느님의 아드님이셨다.' 하고 말하였다."(마태 27,51-54) 이렇게 지진이 일어나고 하늘과 땅이 흔들리는 것으로 예수님의 삶이 끝을 맺습니다. "예수님께서는 다시 큰 소리로 외치시고 나서 숨을 거두셨다."(마태 27,50) 그러고는 시간이 없었으므로 임시로 그분의 장례를 지냅니다. 그다음에는 안식일의 침묵이 내립니다. 이 침묵은 육신과 영혼을 관통하고, 갈라진 마음의 고통스러운 틈새로 들어옵니다.

이제 안식일이 지나고 주간 첫날이 밝아 올 무렵 무덤으로 가던 마리아 막달레나와 다른 마리아는 또 한 번의 지진을 겪습니다. "그런데 갑자기 큰 지진이 일어났다. 그리고 주님의 천사가 하늘에서 내려오더니 무덤으로 다가가 돌을 옆으로 굴리고서는 그 위에 앉는 것이었다. 그의 모습은 번개 같고 옷은 눈처럼 희었다. 무덤을 경비하던 자들은 천사를 보고 두려워 떨다가 까무러쳤다."(마태 28,2-4)

두 번의 지진, 땅과 하늘과 마음이 두 번 뒤흔들립니다. 두려움과 불안함! 첫 번째 지진은 죽음의 부르짖음을, 고통을 배경으로 승리하는 지옥의 비명을 상기시킵니다. 군인들의 소심한 신앙 고백, 예수님을 사랑하던 이들의 아픔, 영혼 깊은 곳에 감추어진 잔불처럼 시들한 희망이 남아 있습니다. 바로 그 잔불이 인내를 길러 주고 '안식일이 지나고' 주님의 시신에 기름을 바르기 위하여 무덤으로 되돌아가는 사랑의 행위를 하게 합니다. 그때에 두 번째 지진이 일어납니다. 그것은 사람들을 두렵게 하는 움직임이지만, 개선凱旋의 표지입니다. 여자들은 놀라고, 천사는 복음의 핵심 문장을 선포합니다. "두려워하지 마라."(마태 28,5)

"두려워하지 마라." 천사는 말씀의 강생을 알리면서 마리아에게 말했습니다. "두려워하지 마라."(루카 1,30) 예수님은 여러 차례 제자들에게 말씀하셨습니다. 그것은 영혼을 넓혀 주는 말씀입니다. 확신을 갖게 하고 희망을 주는 말씀입니다. 그리고 예수님은 무덤 가까이에서 여자들을 만나고 곧 다시 말씀하십니다. "두려워하지 마라."(마태 28,10)

"두려워하지 마라."라는 말씀으로 예수님은 첫 번째 지진의 장면을 무너뜨리십니다. 그 지진은 자신이 승리했다고 여기는 교만의 외침이었습니다. 반면 예수님의 "두려워하지 마라."라는 말씀은 참된 승리의 온유한 선포이고, 여러 세기를 거쳐 입에서 입으로, 믿음에서 믿음으로 전해질 선포입니다. 그리고 그날의 "두려워하지 마라."라는 말씀은 부활하신 주님이 당신 제자들을 만나실 때마다 하실 인사이기도 합니다. 이 부드럽고 강한 인사로 예수님은 그들에게 약속에 대한 믿음을 되찾게 하시고, 그들을 굳세게 하십니다. 예수님의 "두려워하지 마라."라는 말씀 안에서 이사야 예언자가 예언한 바가 성취됩니다. "주님께서는 정녕 시온을 위로하시고 그 모든 폐허를 위로하신다. 그 광야를 에덴처럼, 그 황무지를 주님의 동산처럼 만드시니 그 안에는 기쁨과 즐거움이, 감사와 찬미 노랫소리가 깃들리라."(이사 51,3) 부활하신 주님은 위로하시며 힘을 주십니다.

오늘 이 온유하고 평온하고 참된 승리의 밤에 주님은 우리에게, 모든 그리스도인 백성에게 다시 같은 말씀을 하십니다. "두려워하지 마라. 내가 여기에 있다. 나는 죽었었지만 지금은 살아 있다." 2천 년 전부터 지금까지, 지진이 개선凱旋하는 순간마다, 당신 교회 안에서 당신의 수난이 반복되고 그 수난에서 부족한 부분이 '완성'됩니다. 아파하고 괴로워하고 방향을 잃은 모든 마음의 침묵에서 그 말씀을 하십니다. 혼란스러운 역사적 상황 안에서, 악의 세력이 백성들을 지배하고 죄의 구조를 건설할 때 그 말씀을 하십니다. 역사의 모든 콜로세움 경기장에서 그 말씀을 하십니다. 인간의 모든 상처 안에서 그 말씀을 하십니다. 모든 개인적인, 그리고 역사적인 죽음 안에서 그 말씀을 하십니다. "두려워하지 마라, 나다. 내가 여기 있다." 죽음이 승리를 노래하려 할 때마다 그분은 우리에게 당신의 최종적인 승리를 선언하십니다.

이 거룩한 밤에, 우리 모두 마음 안에서 침묵하고, 개인적,

문화적, 사회적인 지진 가운데에서, 자만과 교만, 오만함과 거만함에서 비롯된 지진 가운데에서, 우리 각자의 죄의 지진 가운데에서 돌아가셨고 지금은 살아 계신 주 예수님, "두려워하지 마라, 나다."라고 말씀하시는 그분의 목소리에 귀를 기울이기로 결심했으면 합니다. 자애롭고 굳세신 우리 어머니와 함께, 승리하시는 그분의 목소리에서 우리의 영혼이 위로와 힘과 애정을 받도록 내맡깁시다. 그분은 온유한 미소를 지으시며, 끝없이 되풀이하여 말씀하십니다. "두려워하지 마라, 나다."[33]

예수님께서 "처음부터 살인자"(요한 8,44)라고 부르셨던 자, 아버지께 받은 사명을 포기하도록 예수님까지도 유혹한 악마의 해로운 영향을 성경은 증언한다. 그러나 "악마가 한 일을 없애 버리시려고 하느님의 아드님께서 나타나셨던 것이다."(1요한 3,8) 악마가 저지른 일 가운데 가장 중대한 것은 바로 인간을 하느님께 불순명하도록 거짓말로 유혹한 것이었다.

그러나 사탄의 힘은 무한하지 못하다. 그는 다만 하나의 피조물일 뿐이다. 그는 순수한 영적 존재이기 때문에 강하기는 하지만 여전히 피조물에 지나지 않는다. 그러므로 그는 하느님 나라의 건설을 막지 못한다. 사탄은 하느님을 거슬러 예수 그리스도 안의 하느님 나라를 증오하면서 세상에서 활동한다. 인간과 사회에 영적으로 또 간접적으로는 물질적인 것에까지 막대한 피해를 끼칠 수 있다 하더라도, 결국 이러한 활동은 인간과 세계의 역사를 힘차고도 부드럽게 주관하시는 하느님의 섭리가 허락하신 일이다. 이러한 악마의 활동에 대한 하느님의 허락은 하나의 커다란 신비이지만, "하느님을 사랑하는 이들에게는 모든 것이 함께 작용하여 선을 이룬다는 것을 우리는 안다."(로마 8,28)

《가톨릭교회 교리서》, 394-395항

사탄의 지배에 맞선 싸움

The Devil Exists

"모든 그리스도인의 마음은 싸움의 무대입니다. 성부가 우리를 예수님께로 이끄실 때마다 다른 누가 우리와 전쟁을 합니다." 프란치스코 교황은 성녀 마르타의 집에서 집전한 미사의 강론에서 이를 강조했습니다. 그날의 복음(마르 3,7-12)을 말하면서, 사람들이 예수님을 따르게 하는 이유를 설명했습니다. 그리고 이 따름에는 어려움도 함께하며, 매일 계속되는 유혹과 싸우지 않는다면 형식적이고 이념적인 종교에 머물 위험이 있다고 경고했습니다.

교황의 묵상에서 결정적인 부분은 전례에서 제시된 짧은 복음 단락의 마지막 몇 줄에 대한 것이었습니다. 교황은 이 부분에서 "예수님에 대해 이야기하고 많은 사람들에 대해 말하고 열정에 대해 말하며, 예수님이 얼마나 큰 사랑으로 그들을 맞아들이고 치유하셨는가를 말하지만, 결말은 보통 때와 다르다는 점이 흥미롭습니다."라고 지적했습니다. 복음에는 "더러운 영들은 그분을 보기만 하면 그 앞에 엎드려, '당신은 하느님의 아드님이십니다!' 하고 소리 질렀다."(마르 3,11)라고 나옵니다.

"바로 이것이 진리입니다. 이것이 우리 모두가 예수님께 다가갈 때 느끼는 현실입니다. 더러운 영들은 그것을 방해하려 하고, 우리와 전쟁을 합니다. 누군가는 여기에 반대할 수도 있습니다. 누군가는 '하지만 저는 열심한 가톨릭 신자입니다. 저는 언제나 미사에 갑니다. 그리고 한 번도 그런 유혹을 받은 적이 없습니다. 하느님께 감사합니다!'라고 말할 수도 있습니다. 그러나 그렇지 않습니다. 제가 할 대답은 '아닙니다. 기도하십시오. 당신은 잘못된 길을 가고 있습니다.'입니다. 그리스도인의 삶에 유혹이 없다면 그것은 그리스도인의 삶이 아닙니다. 그것은 이념적이거나 영지주의적인 삶일지 몰라도, 그리스도인의 삶은 아닙니다. 실제로 성부가 사람들을 예수님께로 이끄실 때에는, 다른 누군가가 그를 반대 방향으로 이끌며 안에서 전쟁을 일으킵니다. 바오로 사도가 그리스도인의 삶을 매일의 싸움으로 이야기한 것은 우연이 아닙니다. 승리하기 위해서, 사탄의 지배를, 악의 지배를 무너뜨리기 위해서 싸우는 것입니다. 이러한 이유 때문에 이 세상에 예수님이 오셨습니다. 악마를 무너뜨리러 오셨습니다. 우리 마음 안에 사탄이 영향을 미치지 못하게 하기 위해서 오셨습니다."

복음서의 마지막 언급은 본질적인 부분을 부각시킵니다. "이 장면에서는 예수님도 사라지고, 군중도 사라지고, 성부와 더러운 영들 곧 악의 영들만 남는 것 같습니다. 사람들을 예수님께 이끄시는 성부와 언제나 파괴하려 하는 악의 영이 남아 있습니다."

교황은 다음과 같이 말했습니다. "이렇게 해서 우리는 그리스도인의 삶이 싸움이고 그 안에서는 성부를 통하여 예수님께 이끌리거나, 아니면 '나는 평화롭고 조용하게 그냥 남아 있을 거야.'라고 말할 수 있다는 것을 이해하게 됩니다. 하지만 평온하게 있으려면 이 사람들의 손에, 더러운 영들의 손에 있어야 합니다. 앞으로 나아가고자 한다면 싸워야 합니다! 예수님이 승리하시도록, 마음이 싸우고 있음을 느껴야 합니다. 결론적으로, 모든 그리스도인은 양심을 성찰하며 자문해야 합니다. '나는 내 마음속에서 이러한 싸움을 느끼는가?', '안일함에 머무는 것과 다른 이들을 위해 봉사하는 것, 즐거움을 찾는 것과 기도하고 하느님을 흠숭하는 것, 이것과 저것 사이에서 이러한 갈등을 느끼는가?', '나는 선을 행하고자 하는 의지를 느끼는가, 아니면 나를 멈추게 하는 것이 있는가?'" 교황은 마지막으로 이렇게 권고했습니다. "여러분은 자신의 삶이 예수님의 마음을 감동시킨다고 믿습니까? 만일 그것을 믿지 않는다면 그것을 믿을 수 있는 은총이 주어지도록 열심히 기도해야 합니다."[34]

우리가 알고 있듯이 율법은 영적인 것입니다. 그러나 나는 육적인 존재, 죄의 종으로 팔린 몸입니다. 나는 내가 하는 것을 이해하지 못합니다. 나는 내가 바라는 것을 하지 않고 오히려 내가 싫어하는 것을 합니다. 그런데 내가 바라지 않는 것을 한다면, 이는 율법이 좋다는 사실을 내가 인정하는 것입니다. 그렇다면 이제 그런 일을 하는 것은 더 이상 내가 아니라, 내 안에 자리 잡고 있는 죄입니다. 사실 내 안에, 곧 내 육 안에 선이 자리 잡고 있지 않음을 나는 압니다. 나에게 원의가 있기는 하지만 그 좋은 것을 하지는 못합니다. 선을 바라면서도 하지 못하고, 악을 바라지 않으면서도 그것을 하고 맙니다. 그래서 내가 바라지 않는 것을 하면, 그 일을 하는 것은 더 이상 내가 아니라 내 안에 자리 잡은 죄입니다.

여기에서 나는 법칙을 발견합니다. 내가 좋은 것을 하기를 바라는데도 악이 바로 내 곁에 있다는 것입니다. 나의 내적 인간은 하느님의 법을 두고 기뻐합니다. 그러나 내 지체 안에는 다른 법이 있어 내 이성의 법과 대결하고 있음을 나는 봅니다. 그 다른 법이 나를 내 지체 안에 있는 죄의 법에 사로잡히게 합니다. 나는 과연 비참한 인간입니다. 누가 이 죽음에 빠진 몸에서 나를 구해 줄 수 있습니까? 우리 주 예수 그리스도를 통하여 나를 구해 주신 하느님께 감사드립니다. 이렇게 나 자신이 이성으로는 하느님의 법을 섬기지만, 육으로는 죄의 법을 섬깁니다.

로마 7,14-25

사탄은 위선적인 아첨가

The Devil Exists

"참된 그리스도인은 위선자일 수 없고, 위선자는 참된 그리스도인이 아닙니다." 두 얼굴의 유혹에 맞서 프란치스코 교황은 직접적이고 오해의 여지가 없는 표현을 사용했습니다. 성녀 마르타의 집에서 집전한 미사에서, 바리사이들과 헤로데 당원 몇 사람이 예수님께 올무를 씌우려고 하는 마르코 복음서(마르 12,13-17)를 묵상하며 한 말입니다.

교황은 이렇게 지적했습니다. "이 부분에는 예수님이 율법 학자들을 지칭하여 여러 차례 사용하시는 단어가 들어 있습니다. '예수님께서는 그들의 위선을 아셨다.'(마르 12,15 참조)라는 것입니다. 위선자는 예수님이 그들을 지칭하여 자주 사용하시는 단어입니다. 그들은 어떤 것을 보여 주면서도 다른 것을 생각하기 때문에 위선자입니다." 그리고 이 말의 그리스어 어원을 암시하면서 덧붙였습니다. "그들은 말하고 판단하지만, 그 아래에는 다른 것이 있습니다. 예수님에게서 그보다 더 거리가 먼 것은 없습니다. 위선은 예수님의 언어가 아닙니다. 위선은 그리스도인의 언어가 아닙니다. 이것은 완전히 분명한 사실입니다. 하지만 예수님이 이러한 특징을 부각시키고자 하신다면, 이를 깊이 이해하고 위선자들이 어떻게 행하는지를 드러내는 것이 좋을 것입니다."

교황은 이렇게 말했습니다. "위선자는 언제나 아첨을 합니다. 정도가 심할 수도 있고 덜할 수도 있지만, 언제나 아첨을 합니다. 그래서 그들은 예수님께 이렇게 말합니다. '스승님, 저희는 스승님께서 진실하시고 아무도 꺼리지 않으시는 분이라는 것을 압니다. 과연 스승님은 사람을 그 신분에 따라 판단하지 않으시고, 하느님의 길을 참되게 가르치십니다.'(마르 12,14)" 그들은 "마음을 부드럽게 하고 삶을 부드럽게 하는 아첨"을 사용합니다.

"위선자들은 언제나 아첨으로 시작합니다. 그러고는 질문을 합니다. 아첨의 기술 가운데에는 진리를 말하지 않는 것,

과장하는 것, 허영심을 커지게 하는 것도 있습니다."

이와 관련하여 교황은 오래전에 알던 어떤 사제를 기억했습니다. "그 불쌍한 신부는 사람들이 하는 모든 아첨을 받아들였습니다. 그것이 그의 약점이었습니다. 그래서 동료들은 그가 전례를 잘못 배웠다고 말했습니다. 그가 '분향'의 진짜 의미를 이해하지 못했기 때문이었습니다. 아첨은 그렇게 시작합니다. 하지만 그 의도는 악합니다. 복음을 다시 잘 읽어 보면 이를 알 수 있습니다. 바리사이들은 예수님을 시험하려고, 예수님이 자신들의 말을 믿고 미끄러지시도록 아첨합니다. 이것이 위선자의 기술입니다. 그들은 당신을 좋아한다는 것을 보여 줍니다. 그들은 당신을 부풀어 오르게 합니다. 그것은 언제나 자신의 목표를 이루기 위해서입니다."

교황은 두 번째 측면을 덧붙이면서, 이것이 그들이 예수님께 하는 것이라고 강조했습니다. "'황제에게 세금을 내는 것이 합당합니까, 합당하지 않습니까?'(마르 12,14)라고 물으며 겉으로는 정당한 질문을 하지만 불의한 의도를 품고 있는 위선자의 행동 앞에서 예수님은 그들의 위선을 아시고 그들에게 말씀하셨습니다. '너희는 어찌하여 나를 시험하느냐? 데나리

온 한 닢을 가져다 보여 다오.'(마르 12,15) 예수님의 방법은 위선자들과 이념적인 사람들에게, 언제나 사실로 대답하는 것입니다. '사실은 이렇다. 다른 것은 모두 위선이거나 이념이다.'라는 의미인 것입니다. 그래서 예수님은 '데나리온 한 닢을 가져다 보여 다오.'라고 말씀하십니다. 그분은 사실을 보여 주고자 하시며, 지혜롭게 대답하십니다. '황제의 것은 황제에게 돌려주고(동전에는 황제의 초상이 새겨져 있었습니다.), 하느님의 것은 하느님께 돌려 드려라.'(마르 12,17)"

마지막으로 교황은 위선의 언어와 관계된 세 번째 측면을 밝혀야 한다고 말했습니다. "그 언어는 속임수의 언어입니다. 그것은 뱀이 하와에게 말했던 그 언어입니다. 그 언어와 똑같습니다. 처음에는 아첨으로 시작합니다. '아니다. 너희가 이것을 먹으면 훌륭하게 될 것이다. 모든 것을 알게 될 것이다.'라는 말로 설득하는 것입니다."

교황은 "위선은 파괴하고 죽입니다. 사람들을 죽이고, 인간의 인격성과 영혼까지 잃게 만듭니다. 공동체도 죽입니다."라고 설명했습니다. "어떤 공동체 안에 위선자들이 있을 때에는, 위험이 큽니다. 아주 나쁜 위험이 있는 것입니다. 그래서 예수님은 우리에게 '너희는 말할 때에 '예.' 할 것은 '예.' 하고, '아니요.' 할 것은 '아니요.'라고만 하여라. 그 이상의 것은 악에서 나오는 것이다.'(마태 5,37)라고 말씀하셨습니다. 예수님은 단호하셨습니다. 그리고 야고보 사도는 그의 서간에서 '여러분은 '예.' 할 것은 '예.' 하고 '아니요.' 할 것은 '아니요.'라고만 하십시오.'(야고 5,12)라고 더 강하게 말합니다. 이 분명한 말들은 오늘 우리에게, 위선이 교회에 얼마나 해로운지 알게 합니다. 사람을 죽이는 이 죄스러운 태도에 떨어지는 그리스도인들은 얼마나 큰 악을 불러일으킵니까? 위선은 한 공동체를 죽일 수 있습니다. 위선자는 부드럽게 말하지만 한 사람을 잔인하게 심판합니다. 그는 살인자입니다."

마지막으로 교황은 묵상을 요약하며 말했습니다. "위선은 아첨으로 시작합니다. 이에 대해서는 오직 사실만으로 대답해야 합니다. 위선은 공동체를 파괴하기 위하여 공동체 안에 갈라진 혀를 씨 뿌리는 악마와 같은 언어를 사용합니다. 그러므로 주님께 우리가 위선의 악습에 떨어지지 않도록, 악한 의도로 태도를 속이지 않도록 지켜 주시기를 청합시다. 주님께서 우리에게 이 은총을 주시기를 기원합니다. '주님, 제가 결코 위선자가 되지 않도록 해 주십시오. 제가 진리를 말할 수 있도록, 그리고 그것을 말할 수 없을 때에는 침묵하며 결코 위선자가 되지 않도록 해 주십시오.'"[35]

뱀은 주 하느님께서 만드신 모든 들짐승 가운데에서 가장 간교하였다. 그 뱀이 여자에게 물었다. "하느님께서 '너희는 동산의 어떤 나무에서든지 열매를 따 먹어서는 안 된다.'고 말씀하셨다는데 정말이냐?" 여자가 뱀에게 대답하였다. "우리는 동산에 있는 나무 열매를 먹어도 된다. 그러나 동산 한가운데에 있는 나무 열매만은, '너희가 죽지 않으려거든 먹지도 만지지도 마라.' 하고 하느님께서 말씀하셨다." 그러자 뱀이 여자에게 말하였다. "너희는 결코 죽지 않는다. 너희가 그것을 먹는 날, 너희 눈이 열려 하느님처럼 되어서 선과 악을 알게 될 줄을 하느님께서 아시고 그렇게 말씀하신 것이다."

여자가 쳐다보니 그 나무 열매는 먹음직하고 소담스러워 보였다. 그뿐만 아니라 그것은 슬기롭게 해 줄 것처럼 탐스러웠다. 그래서 여자가 열매 하나를 따서 먹고 자기와 함께 있는 남편에게도 주자, 그도 그것을 먹었다.

창세 3,1-6

그 뒤에 그들은 예수님께 말로 올무를 씌우려고, 바리사이들과 헤로데 당원 몇 사람을 보냈다. 그들이 와서 예수님께 말하였다. "스승님, 저희는 스승님께서 진실하시고 아무도 꺼리지 않으시는 분이라는 것을 압니다. 과연 스승님은 사람을 그 신분에 따라 판단하지 않으시고, 하느님의 길을 참되게 가르치십니다. 그런데 황제에게 세금을 내는 것이 합당합니까, 합당하지 않습니까? 바쳐야 합니까, 바치지 말아야 합니까?"

예수님께서는 그들의 위선을 아시고 그들에게 말씀하셨다. "너희는 어찌하여 나를 시험하느냐? 데나리온 한 닢을 가져다 보여 다오." 그들이 그것을 가져오자 예수님께서, "이 초상과 글자가 누구의 것이냐?" 하고 물으셨다. 그들이 "황제의 것입니다." 하고 대답하였다. 이에 예수님께서 그들에게 이르셨다. "황제의 것은 황제에게 돌려주고, 하느님의 것은 하느님께 돌려 드려라." 그들은 예수님께 매우 감탄하였다.

마르 12,13-17

빛과 어둠의 대조

The Devil Exists

방금 들은 복음에는 오늘의 메시지를 파악하게 해 주는 문장이 하나 있습니다. "그 심판은 이러하다. 빛이 이 세상에 왔지만, 사람들은 빛보다 어둠을 더 사랑하였다. 그들이 하는 일이 악하였기 때문이다."(요한 3,19)

삶 앞에서, 자기 자신 앞에서, 하느님 앞에서 한 사람에 대한 심판은 이러한 근본적인 선택에 따라 이루어집니다. 나는 빛을 두려워하지 않고 있는 그대로의 나를 보여 줍니까? 나는 모든 결과를 그대로 받아들입니까? 아니면 모호함과 희미함 속에 숨기 위하여 어둠으로 피신하거나 저 아래에 진리를 감추기 위하여 무의식적, 잠재적 또는 의식적으로 수천 가지 방법으로 방어를 합니까?

우리 자신이 어떠한지 밝은 데에 드러내는 일은 때로는 매우 아픕니다. 그러나 그것은 풍요로운 아픔이고, 생명을 주는 아픔이고, 성장하게 하는 아픔입니다. 어둠은 그 반대로 시작됩니다. 그것은 훌륭한 마취입니다. 아프지 않게 하지만, 방향을 잃게 만들고, 스스로 자신을 속이게 만들며, 결국은 출구가 없습니다.

빛과 어둠의 대조를 통하여 교육에 불을 붙이는 것은 해방을 가져옵니다. 우리가 진리를 향한 길을 걷게 하기 때문입니다. 진리는 빛을 견디고, 어둠과 거짓은 빛을 감춥니다. 이중성도 그러합니다. 이중적인 삶도 빛을 감춥니다. 빛 아래 똑바로 서 있을 수 없는 모든 것은 빛을 감춥니다.

그러면 빛 아래, 진리 아래 있기 위한 길은 무엇입니까? 말은 소용없습니다. 처방도 없습니다. 어쩌면 이렇게 또 저렇게 하라고 말할 수는 있을 것입니다.

그러나 그 길은 말이나 개념보다도 행동으로 이루어집니다. 행동은 매우 단순합니다. 우리는 콜로새 신자들에게 보낸 서간에서 그것을 보았습니다. "선을 입으십시오."(콜로 3,12-15 참조) 서로 물어뜯지 말라는 것입니다. 선, 호의, 깊은 동정심을 입으십시오. 동정심은 언짢은 마음이 아니라 함께 고통을 느끼는 것입니다. 다른 이들의 문제에 함께 고통을 느끼는 열린 마음입니다. 우리 주위를 둘러보고 다른 이들의 문제를 우리의 삶에, 일상의 우리 여정에 받아들이는 것입니다.

다시 한번 강조합니다. 호의를 실천하십시오. 겸손, 온유, 인내를 실천하십시오. 그리고 이 말로 충분치 않기라도 한 듯이, 인내에 대해 덧붙입니다. "누가 누구에게 불평할 일이 있더라도 서로 참아 주고 서로 용서해 주십시오."(콜로 3,13) 서로 참아 주고 용서해 주는 것, 겸손하고 인내하며 다른 사람을 이해하는 것, 이 모든 것은 친근함의 행동, 애덕의 행동, 사랑의 행동입니다.

진리의 길은 빛의 길이며, 오직 사랑하고자 하는 마음에서 생겨납니다. "신부님, 하지만 저는 사랑할 줄을 모릅니다."라고 말할 수도 있습니다. 그러나 사랑하는 법은 아무도 모릅니다. 매일 배우는 것입니다. 용기를 내십시오. 그 방법을 배우려면 어떻게 해야 할까요? 아주 작은 행동을 실천하는 것입니다. 호의, 깊은 동정심, 겸손, 온유, 인내의 마음을 갖고 서로 참아 주고 매일 서로 관용을 베푸는 것입니다.

빛으로 나아가십시오. 진리가 거기에 있기 때문입니다. 하지만 그렇게 할 수 있기 위해서는, 빛 안에 있기 위해서는, 다른 이의 손을 잡고 이끌어 줄 태도를 갖추십시오. 친근함의 태도를 갖추십시오. 주님이 여러분 모두에게 그러한 은총을 주시기를 바랍니다.[36]

하느님께서 의롭게 창조하신 인간은 그러나 악의 유혹에 넘어가 역사의 시초부터 제 자유를 남용하여, 하느님께 반항하고 하느님을 떠나서 제 목적을 달성하려 하였다. 그들은 하느님을 알았지만 그분을 하느님으로 찬양하지 않았고, 그들의 어리석은 마음이 어둠으로 가득 차 창조주보다는 오히려 피조물을 섬겼다. 하느님의 계시로 우리에게 알려진 이 사실은 바로 우리의 경험과 일치한다. 인간이 제 마음을 살펴볼 때, 선하신 자기 창조주에게서는 올 수 없는 악에 기울어져 있고 수많은 죄악에 빠져 있는 자신을 발견하게 된다. 인간은 흔히 하느님을 자기 자신의 근원으로 인정하기를 거부하며, 자신의 궁극 목적을 지향하는 당연한 질서마저 무너뜨리고 동시에 자기 자신은 물론 다른 사람들과 모든 피조물과 이루는 조화를 깨트려 버렸다.

그러므로 인간은 자신 안에서 분열되어 있었다. 이 때문에 인간의 모든 삶은 개인 생활이든 사회생활이든 참으로 선과 악, 빛과 어둠의 극적인 투쟁으로 드러난다. 더욱이 인간은 자기 자신만으로는 악의 공격을 효과적으로 이겨 낼 수 없음을 깨닫고, 또 누구든지 저마다 사슬에 묶여 있는 것처럼 느낀다. 그러나 인간을 해방하시고 그 힘을 북돋아 주시려고 주님께서 친히 오시어 인간을 내적으로 새롭게 하시고, 인간을 죄의 종살이에 묶어 두었던 "이 세상의 우두머리"(요한 12,31)를 밖으로 쫓아내시었다. 죄는 인간을 위축시켜 완성을 추구하지 못하게 가로막았다.

인간들이 체험하는 드높은 소명과 깊은 불행은 바로 이 계시의 빛 속에서 그 궁극 이유를 발견한다.

〈사목 헌장〉, 13항

'썩어 없어질 양식'의 유혹

The Devil Exists

　인간으로서, 그리스도인으로서, 그리고 목자로서 우리의 삶은 언제나 긴장 속에 있을 것입니다. 한편으로는 주님이 우리에게 주시는 자질과 수단을 인간적으로 지배하여 사용해야 하고 다른 한편으로는 그러한 시도와 실현에서 멈추어 서려는 유혹에, '그 빵'에만 만족하려는 유혹에 빠지지 말아야 합니다.

　성령은 우리가 내재적인 결과와 만족을 넘어서도록 자극하십니다. "하느님 아버지께서 인정하신"(요한 6,27 참조) 예수 그리스도와 만나도록 우리를 부르십니다. 우리를 당황하게 만들고 우리에게 하느님의 능력을 부어 주시는 그 만남을, 우리가 놀라움과 기쁨을 맛보면서도 우리 스스로 통제할 수 없는 그 만남을 향하게 하십니다. 성령은 우리가 우리 자신을 위해서가 아니라 주님을 위해서 살게 하시고, 주님께 속하게 하십니다(로마 14,7-8 참조). 반면 현세적이거나 내재적인 제안은 우리를 절반만 채워 주고, 예수 그리스도를 따르는 데 우리를 길 중간에 서 있게 합니다. 주님과 만나는 그 자유와 행복에 반대되는 유혹은 언제나 똑같을 것입니다. 모든 것을 우리 인간 세상에 국한시키는 것(사도 1,6 참조), 베드로 사도가 하려던 것처럼(마태 16,22 이하 참조) 또는 사탄이 광야에서 했던 것처럼(마태 4,1-11 참조) 주님이 "썩어 없어질 양식"(요한 6,27)이라고 부르시는 것의 한계에 갇힌 대안으로 주님을 길들이려 하는 것이 그 유혹입니다.

직무를 순전한 운영으로 축소시키려 하는 우상 숭배의 유혹도 있을 수 있습니다. 주님에게서 그 지고하심을 제거하는, 그리고 우리를 중간쯤 또는 얼마 동안만 만족시키는 영지주의적인 기성품 신학 또는 영성에 피신하는 피상성의 유혹도 있습니다. 우리의 일에 있어서 복음의 등 굽은 여자와 같은 교회(루카 13,11 참조), 곧 자신만을 기준으로 삼고 결국은 선포를 위하여 밖으로 나가지 않으며, 폐쇄된 심리 상태로 인하여 하느님의 자녀들 가운데에서 충실하고 풍요로운 신부가 되는 행복을 잃어버리는 교회를 요구하거나 추구하려는 유혹도 있습니다.[37]

열매는 꽃에서 나오고 활동적 삶은 절제에서 나온다. 자신의 위를 다스리는 사람은 열정을 감소시키고, 반대로 음식에 예속된 사람은 쾌락을 증가시킨다. 이민족들은 아말렉에서 나오고 열정은 탐식에서 나온다. 장작이 불의 양식이듯이 음식은 위의 양식이다. 장작이 많으면 불꽃이 커지고 음식이 많으면 탐욕이 커진다. 장작이 없으면 불꽃이 꺼지고 음식이 적으면 탐욕이 사라진다. 턱을 지배하는 사람은 이방인을 패주시키고 자신의 손을 묶은 것을 쉽게 풀어놓는다. 턱을 버리는 데에서 물의 샘이 솟아 나오고 탐식에서 벗어나는 데에서 관상의 실천이 생겨난다. 천막의 말뚝을 박음으로써 원수의 턱을 죽였고 절제의 로고스는 열정을 죽인다.

식욕은 불순종을 낳고 유쾌한 시식은 낙원에서 쫓겨나게 한다. 호사스러운 음식은 목구멍을 충족시키고 잠도 자지 않는 무절제의 벌레에게 양분을 준다. 곤궁한 배는 깨어 있는 기도를 준비시키고, 가득한 배는 긴 잠을 초래한다. 맑은 정신은 매우 검소한 식사로 도달하는 것이고, 사치스러운 삶은 정신을 심연에 떨어지게 한다. 단식하는 사람의 기도는 독수리보다 높이 나는 병아리와 같고, 대식가의 기도는 어둠에 휩싸인다. 구름은 태양의 빛을 가리고 기름진 음식은 정신을 흐리게 한다.

에바그리우스 폰티쿠스, 《안티레티코스》, 1

유혹에 맞서는 법

The Devil Exists

"우리 모두가 언젠가 맞게 되는 유혹으로 인한 우리의 약함 속에서(언제나 작은 허용에서 시작되는 부패의 비극을 생각해 보는 것으로 충분합니다.) 너무 순진하게 대화에 걸려들어서는 안 됩니다. 그보다는 용기를 갖고 기도하며, 주님 앞에서 숨지 않도록 은총이 우리를 도와준다는 것을 믿어야 합니다. 그리고 다시 일어나 앞으로 나아갈 수 있는 용기를 청하는 것이 필요합니다." 이것이 프란치스코 교황이 성녀 마르타의 집에서 집전한 미사 강론에서 제시한, 유혹에 맞서는 실천적 지침입니다.

여기서 교황은 제1독서(창세 3,1-8)를 언급했습니다. "창조의 시초에서나, 재창조의 시초에서나, 그 첫 사건은 유혹이었습니다. 아담과 하와에게는 지상 낙원에서 하느님이 그들에게 주셨던 모든 선물이 있었고, 창조물을 돌보고 발전시킬 임무가 있었고, 사랑이 있었습니다. 그들은 이 세 가지를 지니고서 그곳에서 살아가기 위하여 거기 있었는데, 유혹은 바로 처음에 옵니다. 이와 같이 유혹은 언제나 처음에, 예수님이 나자렛을 떠나 세례를 받으시고, 하느님이 맡기신 임무를 시작하기 위하여 기도하러 광야에 가셨을 때에 옵니다."

이에 관해 교황은 이렇게 설명했습니다. "창조에서나 재창조에서나 유혹이 있습니다. 우리는 창세기의 이 단락을, 첫 유혹을, 곧 아담과 하와의 유혹을 들었습니다. 성경 본문은 우리에게, 뱀이 가장 간교한 짐승이었다고 말합니다. 악마는 매력적인 뱀의 모습으로 나타나고, 그 간교함으로 속이려 합니다. 악마는 속이는 일의 전문가고 거짓의 아비입니다. 예수님이 악마를 그렇게 부르십니다." 교황은 악마에 대해 설명했습니다. "악마는 거짓말쟁이고, 사람들을 속이고 기만할 줄 압니다. 그래서 뱀은 그 간교함으로 하와를 속였습니다. 먼저 하와가 좋은 느낌을 받게 합니다. 말하자면, 달달한 물을 약간 마시게 합니다. 그래서 하와는 뱀을 좋게 느끼고, 그를 믿고, 대화를 시작합니다. 그리고 악마는 조금씩 하와를 자신이 원하는 곳으로 이끌어 갑니다."

교황은 이어서, 악마는 "광야에서 예수님께도" 같은 일을 하려 한다고 말했습니다. "악마는 예수님께 세 가지 제안을 합니다. 하지만 예수님과의 이 대화는 악마에게 좋지 않은 결말을 가져옵니다. '사탄아, 물러가라!' 반면 악마와 하와의 대화는 하와에게 좋지 않은 결말을 가져옵니다. 악마가 승리합니다. 악마가 어떤 사람을 속일 때에는 대화로 그를 속입니다. 그는 대화를 하려고 합니다. 악마는 예수님께도 그렇게 하려고 합니다. '당신은 배가 고프고 여기에는 돌이 있소. 당신은 하느님이오. 이 돌이 빵이 되게 하시오! 당신은 우리 모두를 구원하기 위하여 여기 왔소. 그것은 수고와 노동의 삶이오. 하지만 나와 같이 성전에 가서 낙하산 없이 뛰어내리시오. 대단한 광경을 보여 주면 모든 이들이 당신을 믿을 것이오. 30분이면 다 끝날 것이오!' 그러나 예수님은 그렇게 하지 않으십니다. 그래서 마지막에 악마는 자신의 진짜 얼굴을 보여 줍니다. '이리 오시오!' 그리고 온 세상을 보여 주며, 우상을 숭배할 것은 제안합니다. '나를 경배하시오. 내가 이 모든 것을 주겠소!'"

교황은 유혹을 받으시는 예수님의 태도에 주의를 돌렸습니다. "예수님은 악마와 대화하지 않으시고, 오히려 악마의 말을 들으시고 그에게 대답하십니다. 하지만 그 대답은 예수님 당신의 것이 아닙니다. 하느님의 말씀으로 대답하십니다. 실상 예수님이 악마에게 하신 세 가지 대답은 모두 성경에서, 구약에서, 하느님의 말씀에서 나온 것입니다. 악마와는 대화할 수 없기 때문입니다. 그러나 하와에게는 악마의 유혹이 다른 식으로 진행되었습니다."

교황은 하와가 "순진했다."라고 설명했습니다. "처음에는 하와에게 그 상황이 좋아 보였습니다. 하와는 자신이 여신이 되리라고 생각했고, 이것은 우상 숭배의 죄입니다. 그래서 대화하며 앞으로 나아갔습니다. 악마와 대화했지만, 끝은 좋지 않았습니다. 창세기가 우리에게 말해 줍니다. 하와와 그 남편은 벌거벗고 있었습니다. 아무것도 없었습니다. 문제는 악마가 잘 갚지 않는다는 것입니다. 악마는 사기꾼입니다. 모든 것을 약속하지만 우리를 벌거벗은 채로 둡니다. 분명 예수님도 벌거벗은 채로 끝나셨습니다. 하지만 그분은 성부께 대한 순종으로, 십자가 위에서 끝나셨습니다. 그것은 다른 길입니다.

뱀은, 악마는 간교합니다. 악마와는 대화할 수 없습니다. 그뿐 아니라 우리 모두는 유혹이 무엇인지를 압니다. 모두가 압니다. 누구에게나 유혹이 있기 때문입니다. 허영, 교만, 탐욕, 욕심의 유혹, 수많은 유혹이 있습니다. 그런데 그 모든 유혹은 '그래 뭐, 괜찮아.'라고 말할 때에 시작됩니다."

교황은 이렇게 설명했습니다. "오늘날에는 부패를 많이 이야기합니다. 부패한 이들이 많습니다. 세상에는 부패한 중요한 인물들도 많습니다. 우리는 신문에서 그들의 삶을 알게 됩니다. 아마도 그들은 작은 것에서 시작했을 것입니다. 말하자면, 저울을 잘 맞추지 않는 것처럼 말입니다. 1킬로그램이었던 것을 900그램만 넣고 1킬로그램처럼 보이게 하는 것입니다. 왜냐하면 부패는 작은 것에서부터, 대화로 시작하기 때문입니다. 하와는 뱀에게서 보증을 받았다고 느낍니다. '아니다, 이 열매는 너를 해치지 않는다. 먹어라, 좋은 것이다. 별것 아니니 아무도 모른다. 해라!' 그렇게 조금씩 조금씩 죄로 떨어집니다. 부패로 떨어집니다."

교황은 이어서 이렇게 말했습니다. "교회는 오늘, 이 말씀의 전례로 우리에게 너무 순진해서는 안 된다고, 바보가 되지 말라고, 눈을 뜨고 주님께 도움을 청하라고 가르쳐 줍니다. 우리 힘만으로는 할 수 없기 때문입니다. 그리고 창세기에는 슬픈 점도 있습니다. 아담과 하와가 주님 앞에서 '숨었다'는 점입니다. 왜냐하면 유혹은 우리를 주님 앞에서 숨게 하고, 우리 자신의 잘못, 죄, 부패를 가지고 주님에게서 멀리 떠나가게 합니다. 이 시점에서는 '되찾은 아들'이 했던 것처럼 돌아가 용서를 청하기 위하여 예수님의 은총이 필요합니다. 이러한 이유로 유혹 중에 있을 때에는 대화를 하는 것이 아니라 기도를 해야 합니다. '주님, 도와주십시오. 저는 약합니다. 당신 앞에서 숨고 싶지 않습니다.'"

교황은 이렇게 마무리했습니다. "이것이 용기입니다. 이것이 이기는 것입니다. 대화를 하기 시작한다면 굴복하게 될 것이고, 질 것이기 때문입니다. 그래서 주님이 우리에게 은총과 용기를 주시며 우리와 동반하십니다. 우리가 우리의 약함으로 인하여 속아 넘어갈 때에는 유혹 중에 일어나 앞으로 나아갈 용기를 주님이 우리에게 주시기를 바랍니다. 예수님은 이것을 위해서 오셨습니다, 이것을 위해서!"[38]

첫째. 첫 번째 죄는 천사들의 죄다. 여기에 대해서 나는 먼저 기억을 사용해야 하고, 그다음으로는 추리하면서 지성을 사용하고, 마지막으로 의지를 사용해야 한다. 나는 천사들의 단 하나의 죄와 나의 수많은 죄들을 비교하면서 점점 더 부끄러워하고 수치스러워하기 위하여 이 모든 것을 기억하고 이해하고자 한다. 천사들은 단 하나의 죄로 지옥에 갔으니, 나는 나의 수많은 죄들로 인하여 무수히 여러 차례 지옥에 가야 마땅했다. 그러므로 나는 천사들의 죄를 기억해야 한다. 그들은 은총 속에 창조되었으나, 자유를 사용하여 그들의 창조주이신 주님께 존경과 순종을 드리지 않았다. 그래서 교만해진 그들은 은총에서 사악함으로 옮겨 갔고 하늘에서 지옥으로 떨어졌다. 다음으로 나는 지성으로 더 자세히 추론해야 하고, 의지로 감정을 불러일으켜야 한다.

둘째. 두 번째 죄는 아담과 하와의 죄다. 이에 대해서도 나는 영혼의 세 가지 능력을 사용해야 한다. 이 죄를 지은 후에 그들이 오랫동안 참회를 했고, 사람들 사이에 부패가 널리 퍼졌으며, 그래서 많은 이들이 지옥에 갔다는 것을 기억할 것이다. 그러므로 나는 두 번째 죄, 우리 원조들의 죄를 기억해야 한다. 아담이 다마스쿠스 지역에서 창조되고 지상 낙원에 자리하게 된 다음, 그리고 하와가 그의 갈비뼈에서 만들어진 다음, 그들에게는 지식의 나무 열매를 먹는 것이 금지되었다. 그러나 그들은 그 열매를 먹었고 그럼으로써 죄를 지었다. 그래서 그들은 가죽옷을 입고 낙원에서 쫓겨나, 원래의 의로움을 잃어버린 채 평생을 많은 수고와 참회 속에서 지냈다. 다음으로 나는 지성으로 더 자세히 추리하고, 이미 말한 방식으로 의지를 사용해야 한다.

셋째. 나는 세 번째의 개별적인 죄에 대하여 같은 것을 되풀이해야 한다. 그것은 단 한 번 죽을 죄를 짓고 지옥으로 간 사람의 경우와, 나보다 적은 죄들을 짓고 지옥으로 간 무수한 다른 사람들의 경우다. 세 번째의 개별적인 죄에 대해서도 마찬가지로, 나는 나의 창조주이신 주님을 거스른 죄의 중대함과 악함을 기억해야 한다. 그다음에는 지성으로 추론하여, 죄를 짓고 무한하신 선함을 거슬러 행한 사람이 마땅히 영원한 단죄를 받았음을 고찰해야 한다. 그러고는 앞서 말한 방식으로 의지로써 끝맺어야 한다.

이냐시오 데 로욜라 성인, 《영신수련》, 50-52

근대 후 문화에 나타나는 악의 뿌리

The Devil Exists

　세계화된 지금의 문화 안에서는 어떤 이들이 '파선의 문화'라고 정의한 것의 잔해가 우리의 강가에 떠내려 옵니다. 그것은 사라져 가는 근대의 요소들과 이제 영토를 넓혀 가는 근대 후 문화의 요소들입니다. 그 몇 가지 특징을 찾아보고 정의해 봅시다.

　'세속적 메시아주의'. 이것은 여러 형태로, 다양한 사회적 또는 정치적인 접근의 특징으로 나타납니다. 때로는 정신을 개인의 행위에 두지 않고 구조로 옮겨 놓는데, 이때에는 그 정신이 구조를 형성하는 것이 아니라 구조들이 그 정신을 만들어 내는 것이 됩니다. 그래서 사회-정치적인 구원을 추구하며, '구조 분석'과 거기에서 나오는 정치-경제적 행위를 중시

합니다. 이러한 논리는 정신이 약한 요소며 반대로 구조들은 굳건하고 확실한 가치를 지니고 있다는 신념에 기초합니다. 이것은 행위와 구조 사이의 긴장입니다. 정신이 행위, 곧 개인의 내면성에서 나오는 것과 구조 사이에서 올바른 긴장을 감당하지 못할 때, 정신은 본성상 더 안정되고 튼튼한 구조 쪽으로 옮겨 가게 됩니다. 그렇게 하여 목적(인간의 선이신 하느님)에 대한 개인의 의식이 사라지고 다만 구조의 특징인 '양'의 힘만이 남게 됩니다.

'상대주의'. 상대주의는 미온적인 불확실성에서 나온 결과입니다. 그것은 가치들을 불신하거나 더 나아가서는 초월적인 것을 부수적인 차원에 놓고 거짓된 약속이나 일시적인 목적으로 그것을 평준화하며 내재적인 윤리를 제시하려는 오늘날의 경향입니다. 그러나 그와 같이 가치들이 그리스도교적인 근원에서 분리될 때 가치들은 원자들이나 일반적인 장소들 또는 그저 이름에 불과한 것이 되고 맙니다.

상대주의는 현실에 대해 환상을 품고 현실을 일종의 놀이처럼, 마치 도구화된 질서로써 지배할 수 있는 것처럼 생각하게 합니다. 그것은 오직 주관적 인상을 토대로 사물들에 가치를 부여하고 사물을 판단하게 합니다. 실천적, 구체적, 객관적 규범들은 간과합니다. 윤리와 정치는 물리학으로 환원됩니다. 여기서는 그 자체로서 선한 것도 악한 것도 존재하지 않습니다. 다만 이익과 손해의 계산만이 존재합니다. 도덕적 이성은 자리를 잃어, 법률은 더 이상 정의의 근본적 표상을 기준으로 삼을 수 없게 되고 오히려 지배적인 이념의 거울이 되고 맙니다.

가치들이 이렇게 왜곡된 결과, 우리는 '타협적인 동의를 통해서 나아가게' 됩니다. 이 경우에도 평준화가 발생합니다. 협상으로 이루어지는 합의를 통한 '하향 평준화'가 생겨납니다. 타협의 힘으로 일이 진행되고, 결국에는 힘의 논리가 승리합니다.

다른 한편으로는, 의견의 왕국이 세워집니다. 확실성과 신념은 사라집니다. 모든 것이 타당하게 여겨집니다. 그러다가 아무것도 타당하지 않은 것으로 여겨지게 됩니다.

오늘날의 인간은 뿌리를 잃고 버려져 살아갑니다. 근대성의 유물인 무절제한 자율에 대한 갈망 때문에 여기까지 오게 되었습니다.

'새로운 허무주의'. 모든 것을 '보편화'하며 그 개별성을 무시하고 경시합니다. 또는 그 반대로, 파괴를 일으킬 만큼 과격하게 개별성을 주장합니다. 형제를 살해하는 싸움, 자본과 통신 수단의 완전한 국제화, 구체적인 사회 정치적 임무와 문화와 가치에 대한 진정한 참여에 대한 무관심 말입니다.

우리는 차별받지 않는 자율적인 개별성을 지니기를 꿈꿉니다. 하지만 마지막에는 마케팅의 통계 숫자가 되어 버리고, 광고의 표적이 되고 맙니다.

근대의 이성 개념은 일면적입니다. '이성'이라고 불릴 자격이 있는 것은 양적인 이성(기하학은 완전한 학문으로 여겨집니다.), 계산과 실험의 이성뿐입니다.

'기술주의적 사고방식'과 '세속적 메시아주의의 추구'는 현대인의 대표적인 두 가지 특징입니다. 우리는 현대인을 '지식의 인간homo gnostico'이라고 부를 수 있을 것입니다. 인간은 지식을 소유하고 있지만 단일성은 없으며, 다른 한편으로는 세속화된 형태의 비밀 종교를 필요로 합니다. 그러한 의미에서, 교육이 영지주의와 비밀 종교가 될 수 있는 위험이 있다고 말할 수 있습니다. 만일 교육이 인간의 진정한 목적과 인간적 기준에 따라 사용되는 수단에서 나오는 내적인 단일성을 유지하면서 그 기술을 사용하지 못한다면 그렇게 될 것입니다. 그와 같은 위기는 '회귀'를 통해서는 극복될 수 없습니다(죽어 가는 근대는 온갖 방법으로 회귀를 시도했습니다). 오직 내적인 흘러넘침, 곧 위기의 핵심을 남김없이 받아들이고 그 안에 멈추어 있지 않으며 오히려 내부를 향하여 그것을 초월할 때 극복될 수 있습니다.

'의심에서 나오는 그릇된 해석학'. 오류가 퍼지고, 외관상으로는 반박할 수 없는 구조를 가지고 사람을 홀리는 거짓이 퍼집니다. 그 해로운 영향은 시간이 지나면서 나타납니다.

다른 경우에는 진리와 고귀한 모든 것이 희화화되고, 하나의 시각이 미묘하거나 잔인한 방식으로 거대해지면서 다른 많은 시각이 그늘에 버려집니다. 이렇게 해서 선한 것을 존중하지 않게 됩니다. 공적으로나 사적으로, 정직이나 비폭력이나 정숙함 같은 어떤 가치를 조롱하는 것은 언제나 쉬운 일입니다. 그러나 이러한 조롱 때문에 그 가치는 불가피하게 의미를 잃게 됩니다. 그 결과 그에 상응하는 반가치가 세워지며 삶은 비속해지게 됩니다.

그 대안으로 사람들은 자신들이 중시하는 더 두드러진 개념을 사용하면서 언어적으로나 시각적으로 풍부한 표현으로 한 부분을 절대화하고 전체를 훼손하는 구호를 내세웁니다.

근대 후 문화는 종교적 사실에 대한 거부를 의미하지 않습니다. 오히려 종교를 사적인 영역에 결부시킵니다. 그래서 신앙과 종교를 '영성주의적' 영역과 주관성으로 환원시키는 희석된 신앙주의가 생겨나게 합니다(여기서 신심 없는 신앙이 비롯됩니다). 그 밖에 무력함과 피상성을 그대로 드러내는 근본주의적 주장도 솟아나옵니다.

내재성의 한계마저도 감당하지 못하는 이러한 빈곤한 초월성은, 인간의 한계에 도달하고 상처에 손을 댈 수 없는 자신의 무능력에 따른 결과일 뿐입니다.

신앙주의의 패러다임과 밀접히 연관되어, 말이 공허해지는 과정이 진행됩니다. 말은 무게를 잃고, 살이 되지 못하며, 그 내용을 잃어버립니다. 이 지점에서 그리스도는 더 이상 인격이 아니라 개념이 됩니다. 말에서 '인플레이션'이 일어납니다. 이것은 유명론적인 문화입니다. 말은 무게 없이 공허해집니다. 말에 밑받침이 없고, 그 말을 살아 있게 하는 '불꽃' 곧 침묵이 사라집니다.[39]

오늘날에는 어떤 틈새로 하느님의 성전 안에 사탄의 연기가 들어오고 있다는 느낌을 받습니다. 의심, 불확실, 문제, 불안, 불만, 대조가 있습니다. 사람들은 교회를 신뢰하지 않습니다. …… 우리의 의식 안에 의심이 들어왔습니다. 빛이 들어오도록 열려 있어야 하는 창문으로 그 의심이 들어왔습니다. …… 본성과 무관한 어떤 것이(악마 - 편집자 주) 보편 공의회의 결실을 혼란시키고 질식시키기 위하여 세상에 들어왔다고 생각합니다.

바오로 6세 성인 교황, 성 베드로와 성 바오로 사도 대축일 강론, 1972년 6월 29일

자신의 자유 의지에서 비롯된 행위로 하느님에 대해 알려진 진리를 거부함으로써 사탄은 우주적인 '거짓말쟁이'며 '거짓의 아비'가 됩니다(요한 8,44 참조). 그것은 하느님을 철저하고 돌이킬 수 없이 부인하며 살아가고, …… 사람들에게 자신의 비극적인 '선(하느님)에 대한 거짓말'을 강요하려 합니다. 창세기에서 우리는 사탄이 뱀의 모습으로 인류의 첫 대표자들에게 전달하려 하는 그러한 거짓과 하느님의 진리에 대한 기만의 정확한 묘사를 봅니다. …… 이러한 실존적 거짓의 상태로 인하여 사탄은 요한 사도가 말하듯이 '살인자' 곧 하느님이 처음부터 그와 피조물 안에

넣어 주신 초자연적 생명의 파괴자가 됩니다.

…… 악령의 영향은 더 깊고 효과적인 방식으로 '자신을 감출' 수 있습니다. 자신을 알아보지 못하게 하는 것은 사탄의 '이익'에 부응합니다. 세상 안에서 사탄의 기민함은, 사람들이 합리주의의 이름으로 사탄의 존재를 부인하는 데에서 잘 드러납니다.

요한 바오로 2세 성인 교황, 일반 알현, 1986년 8월 13일

이 세상 우두머리의 점잖은 박해

The Devil Exists

프란치스코 교황은 다음과 같이 지적했습니다. "박해는 교회의 특징 가운데 하나입니다. 교회의 역사에는 언제나 박해가 있었습니다. 그리고 박해는 잔인합니다. 스테파노의 박해나, 3주 전에 있었던 파키스탄 형제들의 경우와 같이 잔인합니다. 스테파노, 순교자 스테파노가 죽을 때에 그 자리에 있던 사울이 했던 것처럼 박해는 잔인합니다. 그는 나가서 집에 들어가 그리스도인들을 붙잡아서 재판으로 끌고 갔습니다."

그러나 교황은 "사람들이 그렇게 많이 이야기하지 않는 다른 박해"도 있다는 점을 경고했습니다. "박해의 첫 번째 형태는 그리스도의 이름을 고백하는 것에 기인하고, 그래서 명시적이고 분명한 박해입니다. 그러나 또 다른 박해는 교양으로 가장하고, 근대성으로 가장하고, 진보로 가장합니다. 조금 역설적으로 말한다면 그것은 점잖은 박해입니다. 그러한 박해는 그리스도의 이름을 고백하기 때문이 아니라 하느님의 자녀의 가치들을 추구하고 드러내려 하기 때문에 박해를 받을 때 나타납니다. 그러므로 그것은 하느님의 자녀들 안에서 창조주이신 하느님을 거스르는 박해입니다.

그래서 우리는 매일 권력이 이 길을 따르도록 의무로 부과하는 법률을 제정하는 것을 보게 됩니다. 또한 이 현대적이고 박학한 법률을 따르지 않는 나라는, 또는 적어도 그것을 법률 안에 포함시키지 않으려 하는 나라는 비난을 받고 점잖게 박해를 받는 것을 보게 됩니다. 그것은 인간에게서 자유를 박탈하고, 양심의 저항도 박탈하는 박해입니다! 하느님은 우리를 해방시키셨지만, 이 박해는 우리에게 자유를 잃게 합니다! 그렇게 하지 않는다면 우리는 벌을 받을 것입니다. 일자리와 많은 것들을 잃어버릴 것이고 아니면 따돌림을 당할 것입니다."

교황은 이렇게 말했습니다. "이것이 세상의 박해입니다. 그리고 이 박해에는 지도자가 있습니다. 스테파노의 박해에서 지도자들은 학자, 율법 학자, 대사제들이었습니다. 반면 점잖은 박해의 우두머리는, 예수님이 그 이름을 말씀하셨습니다. 그는 이 세상의 우두머리입니다. 그것은 권력이 하느님 자녀의 품위를 거스르는 태도와 법률을 강요하려 할 때, 그를 박해하고 창조주 하느님을 거스를 때 나타납니다. 이것은 엄청난 배교입니다. 그러므로 그리스도인들의 삶은 이러한 두 가지 박해 속에서 이루어집니다. 하지만 우리는 주님이 우리를 떠나지 않겠다고 약속하셨음을 확실히 알고 있습니다. 주님은 약속하셨습니다. '조심하여라, 조심하여라! 세상의 영에 떨어지지 말고 조심하여라. 그러나 앞으로 나아가라. 내가 너희와 함께 있겠다.'"

교황은 "그리스도인의 길은 언제나 두 가지 박해 속에서 나아간다는 것을 깨달을 수 있는 은혜"를 주님께 청하는 기도로 끝맺었습니다. "그리스도인은 순교자 곧 증인입니다. 그리스도인은 우리를 구원하신 그리스도를 증언해야 합니다. 그것은 생명의 길로 우리를 창조하신 하느님 아버지를 증언하는 것입니다. 이 길에서 그리스도인은 많은 고통을 겪어야 합니다. 이 길은 많은 고통을 가져옵니다. 하지만 우리의 삶이 그러한 것입니다. 언제나 예수님은 성령의 위로로 우리 곁에 계십니다. 그리고 그것이 우리의 힘입니다."[40]

자녀 여러분, 지금이 마지막 때입니다. '그리스도의 적'이 온다고 여러분이 들은 그대로, 지금 많은 '그리스도의 적들'이 나타났습니다. 그래서 우리는 지금이 마지막 때임을 압니다. 그들은 우리에게서 떨어져 나갔지만 우리에게 속한 자들은 아니었습니다. 그들이 우리에게 속하였다면 우리와 함께 남아 있었을 것입니다. 그러나 결국에는 그들이 아무도 우리에게 속하지 않는다는 사실이 드러났습니다. 여러분은 거룩하신 분에게서 기름부음을 받았습니다. 그래서 여러분은 모두 알고 있습니다. 내가 여러분에게 이 글을 쓰는 까닭은, 여러분이 진리를 모르기 때문이 아니라 진리를 알기 때문입니다. 또 진리에서는 어떠한 거짓말도 나오지 않기 때문입니다. 누가 거짓말쟁이입니까? 예수님께서 그리스도이심을 부인하는 사람이 아닙니까? 아버지와 아드님을 부인하는 자가 곧 '그리스도의 적'입니다. 아드님을 부인하는 자는 아무도 아버지를 모시고 있지 않습니다. 아드님을 믿는다고 고백하는 사람이라야 아버지도 모십니다.

1요한 2,18-23

자신의 약함을 인정하기

The Devil Exists

"행복해지는 비결은 자신이 약하다는 것과 죄인임을 스스로 인정하는 것, 곧 질그릇임을 인정하는 것입니다. 질그릇은 보잘것없는 재료지만 가장 큰 보물을, 우리를 구원하시는 하느님의 능력을 담을 수 있습니다. 위선적이며 자만하는 금그릇으로 보이려고 치장하는 것은 수많은 그리스도인이 만나는 유혹입니다." 프란치스코 교황은 성녀 마르타의 집에서 집전한 미사에서 이를 경고했습니다.

교황은 독서(2코린 4,7-15)를 언급하며 말했습니다. "코린토 신자들에게 보낸 둘째 서간 4장에서 바오로 사도는 그리스도의 신비에 대해서, 그리스도의 신비의 능력에 대해서, 그리스도의 신비의 힘에 대해서 말합니다. 사도는 이어서 우리가 읽은 부분을 말합니다. '우리는 이 보물을(그리스도를) 질그릇 속에 지니고 있습니다.'(2코린 4,7)" 교황은 이를 두고 이렇게 설명했습니다. "우리는 그리스도의 이 보물을 간직하고 있지만, 우리의 나약함 안에 간직하고 있습니다. 우리는 진흙입니다. 그런데 큰 보물이 질그릇에 들어 있다는 것, 왜 그럴까요? 바오로 사도의 대답은 분명합니다. '그 엄청난 힘은 하느님의 것으로, 우리에게서 나오는 힘이 아님을 보여 주시려는 것입니다.'(2코린 4,7)"

교황은 이렇게 단언했습니다. "하느님의 힘, 구원하시고 치유하시며 일어서게 하시는 하느님의 능력은 질그릇인 우리의 약함입니다. 그러므로 우리는 우리 가운데 누구도 자신을 구원할 수 없다는 것, 구원받기 위하여 하느님의 능력을, 주님의 능력을 필요로 한다는 것을 압니다. 이 진리는 바오로 서간들의 핵심 주제와 같습니다. 실상 주님은 바오로 사도에게 말씀하십니다. '나의 힘은 약한 데에서 완전히 드러난다. 약함이 없다면 나의 능력은 드러날 수 없다.' 여기에서부터 '그릇, 그러나 약한 그릇, 질그릇'의 강력한 표상이 나옵니다. 바오로 사도가 탄원하며 주님께 사탄의 하수인의 공격에서 벗어나게 해 달라고 청할 때, 그것을 부끄러워하고 수치스러워하는 그에게 주님은 무엇이라고 대답하십니까? '너는 내 은총을 넉넉히 받았다. 나의 힘은 약한 데에서 완전히 드러난다.'(2코린 12,9) 바로 이것이 우리의 약함의 현실입니다. 우리 모두는 상처 입을 수 있고, 나약하고, 약하기 때문에 치유가 필요합니다. 바오로 사도는 코린토 신자들에게 보낸 둘째 서간에서 이를 강하게 말합니다. '우리는 환난을 겪었고, 난관에 부딪혔고, 박해를 받았고, 맞아 쓰러져 우리의 약함이 드러났습니다.'(2코린 4,8-9 참조) 이것이 바오로 사도의 약함이고, 진흙이 드러나는 것입니다. 그리고 이것이 우리의 취약함입니다. 우리 삶에서 어려운 것 가운데 하나가 자신의 취약함을 인정하는 것입니다. 우리는 때때로 취약함을 덮으려고 합니다. 사람들이 보지 않게 하려고 합니다. 때로는 위장하는 것으로 끝납니다. 코린토 신자들에게 보낸 둘째 서간에서 바오로 사도 자신도 '우리는 부끄러워 숨겨 두어야 할 것들을 버렸으며'(2코린 4,2)라고 말합니다. 숨겨 두는 것은 언제나 부끄러운 것입니다. 그것은 위선입니다. 거기에는 다른 이들을 향한 위선이 있기 때문입니다. 실상 주님은 율법 학자들에게 위선자들이라고 말씀하십니다."

하지만 교황은 이렇게 경고했습니다. "다른 위선도 있습니다. 그것은 우리 자신에 대한 위선, 곧 내가 있는 그대로의 나 자신과 다른 무엇이라고 믿는 것입니다. 나에게 치유가 필요하지 않다고, 의지할 곳이 필요하지 않다고 믿는 것, 내가 진흙으로 만들어지지 않았다고 믿는 것, 내가 나의 보물을 지니고 있다고 믿는 것입니다. 이것은 허영, 교만, 자기중심으로 가는 길입니다. 스스로 진흙이 아니라고 생각하면서 스스로에게서 구원과 충만을 찾는 이들의 길입니다."

교황은 "그러므로 우리를 구원하는 것은 하느님의 능력임을 결코 잊지 말아야 합니다."라고 일깨웠습니다. "바오로 사도는 우리의 약함을 인정하기 때문에 명백하게 말합니다. 우리는 환난을 겪어도 억눌리지 않습니다. 하느님의 능력이 우리를 구원하기 때문입니다. 그리고 같은 이유에서 바오로 사도는 '우리가 난관에 부딪혀도 절망하지 않습니다. 하느님께는 우리에게 희망을 주시는 무엇이 있습니다.'라고 인정합니다. 우리는 박해를 받아도 버림받지 않고, 맞아 쓰러져도 멸망하지 않습니다. 진흙과 능력, 진흙과 보물 사이에는 언제나 이러한 관계가 있습니다. 그러므로 참으로 우리는 이 보물을 질그릇 속에 지니고 있습니다. 하지만 유혹은 언제나 같습니다. 덮고, 가리고, 우리가 진흙임을 믿지 않으려는 것입니다. 그렇게 믿는 것은 우리 자신에 대한 위선입니다.

바오로 사도는 하느님의 말씀을 이렇게 생각하고, 추론하고, 설교함으로써 우리를 보물과 진흙 사이의 대화로 이끕니다. 우리가 정직해지기 위해서는 이 대화를 계속해야 합니다. 예를 들어 우리가 고해를 하러 갈 때 '저는 이것을 했고 이런 생각을 했습니다.'라고 인정합니다. 그러고는 마치 물건을 구매하고 받는 명세서처럼 '저는 이것, 이것을 했습니다.'라고 죄를 말합니다. 그러나 우리가 스스로에게 참으로 질문해야 할 것은 '나는 이 진흙을, 이 약함을, 나의 이 취약함을 알고 있는가?'라는 것입니다. 그것을 받아들이기 어렵기 때문입니다."

교황은 이어서 말했습니다. "'우리는 모두 죄인입니다.'라고 말할 때에도 우리는 그 의미를 온전히 생각하지 않고 그저 그렇게 말할 뿐일 수 있습니다. 그러므로 스스로 양심을 성찰하고 '내가 진흙임을, 약함을, 죄인임을 의식하고 있는가?' 하고 물어야 합니다. 그리고 하느님의 능력 없이는 우리는 앞으로 나아갈 수 없다는 것을 알아야 합니다. 고해가 진흙을 좀 더 희게 만들고 그래서 더 튼튼하게 만드는 것이라고 생각합니까? 아닙니다! 그러나 마음을 넓혀서 하느님의 능력이, 하느님의 힘이 들어갈 수 있게 해 주는 부끄러움이 있습니다. 그것은 바로 우리가 은이나 금으로 된 그릇이 아니라 질그릇이라는 부끄러움, 진흙이라는 부끄러움입니다. 우리가 여기에 도달한다면 우리는 매우 행복할 것입니다."

'하느님의 능력과 진흙 사이의 대화'에 관하여 교황은 "예수님이 베드로 사도의 발을 씻기려고 사도에게 다가가시자 사도가 '저는 안 됩니다, 주님. 무엇을 하시렵니까?'(요한 13,6-8 참조)라고 말하던 때"를 떠올리라고 권고했습니다. "사실 베드로 사도는 자신이 진흙임을, 구원받기 위하여 주님의 능력이 필요함을 깨닫지 못했던 것입니다. 그러나 주님이 그에게 진리를 말씀하실 때 베드로 사도는 조금도 주저하지 않고 대답했습니다. '주님, 제 발만 아니라 손과 머리도 씻어 주십시오.'(요한 13,9)" 교황은 베드로 사도가 너그러운 사람이라고 설명했습니다. "그 너그러움은 자신이 상처 입을 수 있음을, 나약함을, 약함을, 죄인임을 인정하게 합니다. 우리가 스스로 진흙임을 받아들일 때에만 이 특별한 하느님의 능력이 우리에게 올 것이고 우리에게 충만함, 구원, 행복, 구원의 기쁨을 줄 것입니다."

마지막으로 교황은 "주님이 우리에게 이 은총을 주시어 우리가 스스로 진흙임을 알고 주님 당신의 보물을 받아들일 수 있게 되기를" 기도했습니다.[41]

교회에 가장 필요한 것은 어떤 것들입니까? 제 대답이 너무 단순하다고, 심지어 미신적이고 비현실적인 것이라며 놀라지 않기를 바랍니다. 가장 필요한 것 가운데 하나는 우리가 마귀라고 부르는 그 악에서 보호받는 것입니다. …… 악은 단순한 결함이 아니라 어떤 효력이고, 살아 있고 영적이고 사악하며 다른 이를 사악하게 만드는 존재입니다. 무서운 실재입니다. 신비롭고 두려운 실재입니다. 마귀가 존재함을 인정하기를 거부하는 사람은 성경과 교회의 가르침에서 벗어나는 것입니다. …… 그리고 마귀가 하나가 아니라는 점은 복음서에서 말해 줍니다(루카 11,15; 마르 5,9 참조). 이들은 모두 하느님의 피조물이지만, 반항하고 단죄받아 타락했습니다. 그것은 지극히 불행한 비극에 뒤흔들린 신비로운 세계이고, 우리는 그것을 잘 알지 못합니다. 하지만 우리는 우리의 삶과 역사 전체에 연관되는 이 악마적인 세계에 대해 많은 것을 알고 있습니다.

바오로 6세 성인 교황, 일반 알현, 1972년 11월 15일

부록 1

성 미카엘 대천사에게 드리는
레오 13세 교황의 기도

The Devil Exists

Sancte Michael Archangele,

defende nos in proelio;

contra nequitiam et insidias diaboli esto praesidium.

Imperet illi Deus,

supplices deprecamur:

tuque, Princeps militiae caelestis,

Satanam aliosque spiritus malignos,

qui ad perditionem animarum pervagantur in mundo,

divina virtute, in infernum detrude.

✠ Amen.

성 미카엘 대천사여,

싸움에서 우리를 보호하소서.

악마의 악의와 간계에서 우리를 도와주소서.

하느님, 간구하며 기도하오니 그에게 명하소서.

천상 군대의 영도자이시여,

영혼들을 멸망시키려고 세상을 돌아다니는

사탄과 다른 악령들을

하느님의 능력으로 지옥에 가두소서.

✤ 아멘.

부록 2

본문 글 출처

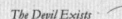
The Devil Exists

- 호르헤 마리오 베르고글리오가 부에노스아이레스 대주교로서 한 강론과 연설을 모은 책은, 프란치스코 교황, *Nei tuoi occhi è la mia parola. Omelie e discorsi di Buenos Aires 1999-2013*, Rizzoli, Milano 2016이다. 여기에서는 간략하게 *Nei tuoi occhi è la mia parola*로 표시한다.
- 이 책에 인용된 프란치스코 교황의 다른 글은, 달리 표시되지 않은 경우 http://w2.vatican.va/content/vatican/it.html에서 발췌한 것이다.
- 다른 교황들과 가톨릭교회의 문헌 출처는 www.vatican.va(한국어 교회 문헌 출처는 www.cbck.or.kr)이다.
- 교부 문헌과 중세 문헌은 www.monasterovirtuale.it에서 인용했다.

제1장

1 *Nei tuoi occhi è la mia parola*, p. 478.
2 *Nei tuoi occhi è la mia parola*, p. 551.
3 프란치스코 교황, 2013년 10월 11일 아침 묵상, *L'Osservatore Romano*, 평일판, CLIII, 234, 2013년 10월 12일.
4 프란치스코 교황, 2014년 4월 11일 아침 묵상, *L'Osservatore Romano*, 평일판, CLIV, 084, 2014년 4월 12일.
5 프란치스코 교황, 멕시코 에카테펙 연구소에서 한 미사의 강론, 2016년 2월 14일.
6 프란치스코 교황, 바티칸 근위대에게 한 강론, 2013년 9월 28일,

http://it.radiovaticana.va/storico/2013/09/28/il_papa_al_corpo_dei_gendarmi_difendete_il_vaticano_dalla_zizzania/it1-732517.

7 프란치스코 교황, 2017년 2월 21일 아침 묵상, *L'Osservatore Romano*, 평일판, CLVII, 43, 2017년 2월 22일.

8 *Nei tuoi occhi è la mia parola*, p. 47.

9 *Nei tuoi occhi è la mia parola*, pp. 252-253.

10 프란치스코 교황, 강론, 2013년 3월 14일.

제2장

11 *Nei tuoi occhi è la mia parola*, pp. 162-163.

12 *Nei tuoi occhi è la mia parola*, p. 415.

13 *Nei tuoi occhi è la mia parola*, pp. 559-560.

14 프란치스코 교황, 2015년 10월 16일 아침 묵상, *L'Osservatore Romano*, 평일판, CLV, 237, 2015년 10월 17일.

15 프란치스코 교황, 바티칸 근위대를 위한 미사에서 한 강론, 2015년 10월 3일.

16 *Nei tuoi occhi è la mia parola*, p. 291.

17 프란치스코 교황, 2016년 4월 29일 아침 묵상, *L'Osservatore Romano*, 평일판, CLVI, 098, 2016년 4월 30일.

18 *Nei tuoi occhi è la mia parola*, pp. 175-176.

19 *Nei tuoi occhi è la mia parola*, p. 907.
20 프란치스코 교황, 2016년 9월 20일 아침 묵상, *L'Osservatore Romano*, 평일판, CLVI, 216, 2016년 9월 21일.

제3장

21 *Nei tuoi occhi è la mia parola*, pp. 340-341.
22 *Nei tuoi occhi è la mia parola*, p. 535.
23 프란치스코 교황, 주님 수난 성지 주일 강론, 2013년 3월 24일.
24 프란치스코 교황, 2014년 9월 29일 아침 묵상, *L'Osservatore Romano*, 평일판, CLIV, 222, 2014년 9월 30일.
25 *Nei tuoi occhi è la mia parola*, p. 561.
26 프란치스코 교황, 2014년 10월 30일 아침 묵상, *L'Osservatore Romano*, 평일판, CLIV, 249, 2014년 10월 31일.
27 *Nei tuoi occhi è la mia parola*, pp. 568, 570.
28 Henri de Lubac, *Meditazione sulla Chiesa*, Edizioni Paoline, Milano 1955, pp. 446-447
29 *Nei tuoi occhi è la mia parola*, pp. 702-703.
30 *Nei tuoi occhi è la mia parola*, p. 203.
31 프란치스코 교황, 2016년 12월 6일 아침 묵상, *L'Osservatore Romano*, 평일판, CLVI, 281, 2016년 12월 7일.

제4장

32 *Nei tuoi occhi è la mia parola*, p. 109.
33 *Nei tuoi occhi è la mia parola*, pp. 351-352.
34 프란치스코 교황, 2017년 1월 19일 아침 묵상, *L'Osservatore Romano*, 평일판, CLVII, 15, 2017년 1월 20일.
35 프란치스코 교황, 2017년 6월 6일 아침 묵상, *L'Osservatore Romano*, 평일판, CLVII, 130, 2017년 6월 7일.
36 *Nei tuoi occhi è la mia parola*, pp. 284-285.
37 *Nei tuoi occhi è la mia parola*, pp. 613-614.
38 프란치스코 교황, 2017년 2월 10일 아침 묵상, *L'Osservatore Romano*, 평일판, CLVII, 34, 2017년 2월 11일.
39 *Nei tuoi occhi è la mia parola*, pp. 22-24.
40 프란치스코 교황, 2016년 4월 12일 아침 묵상, *L'Osservatore Romano*, 평일판, CLVI, 084, 2016년 4월
41 프란치스코 교황, 2017년 6월 17일 아침 묵상, *L'Osservatore Romano*, 평일판, CLVII, 138, 2017년 6월 18일.

지은이 **프란치스코 교황**

본명은 호르헤 마리오 베르고글리오Jorge Mario Bergoglio. 아르헨티나 부에노스아이레스에서 태어났다. 1958년에 예수회에 입회했고, 1969년에 사제품을 받았다. 1973년부터 1979년까지 예수회 아르헨티나 관구장을 지냈고, 1998년 부에노스아이레스 대교구장이 되었다. 2001년 추기경에 서임되었으며, 2005년부터 2011년까지 아르헨티나 주교회의 의장을 지냈다. 2013년 3월 가톨릭교회 제266대 교황으로 선출된 그는 2014년 8월 한국을 방문하여 윤지충 바오로와 동료 순교자 123위 시복식을 집전했고, 교황 권고 〈복음의 기쁨〉, 회칙 〈신앙의 빛〉, 〈찬미받으소서〉 등을 통해 가톨릭교회와 전 세계의 쇄신을 위해 노력하고 있다.

엮은이 **디에고 마네티**

1973년 이탈리아 카살레 몬페라토에서 태어났으며, 고등학교에서 철학과 역사를 가르치고 있다. 종교적인 주제를 담은 선집과 총서들을 편집했고, 메주고리예 등 성모 성지에 관련된 저서를 주로 집필했다.

옮긴이 **안소근**

성 도미니코 선교 수녀회 수녀. 교황청 성서대학에서 수학하고(성서학 박사) 대전가톨릭대학교와 가톨릭교리신학원에서 가르치고 있다. 《사랑에 취하여라》, 《구약의 역사 설화》, 《세상을 읽는 눈, 지혜》, 《구약 종주》, 《신약 종주》, 《굽어 돌아가는 하느님의 길》 등을 썼고, 《로마노 과르디니의 주님의 기도》, 《이스라엘 역사》, 《약함의 힘》, 《하늘의 지혜》 등을 옮겼다.